Das Kochbuch Limburg Goldener Grund

– Zwischen Dom und Brockelsupp' –

BezirksLandfrauenverein Limburg

ISBN 978-3-86037-415-3

1. Auflage

Herausgeber:
©2010 Edition Limosa GmbH
Lüchower Straße 13a, 29459 Clenze
Telefon (0 58 44) 97 11 63-0
Telefax (0 58 44) 97 11 63-9
mail@limosa.de, www.limosa.de

Redaktion:
BezirksLandfrauenverein Limburg

Lektorat:
Doreen Rinke

Satz und Layout:
Zdenko Baticeli, Lena Hermann

Korrektorat:
Ulrike Kauber

Unter Mitarbeit von:
Christin Stade, Jana Mengel, Britta Arndt

Medienberatung:
Dr. Steffen Tag

Gedruckt in Deutschland.

BezirksLandfrauenverein Limburg

DAS KOCHBUCH

LIMBURG
GOLDENER GRUND

Zwischen Dom und Brockelsupp'

Geschichten und Erzählungen

4

Frühling im Limburger Raum

Inhaltsverzeichnis

Wenn nicht anders vermerkt, sind alle Rezepte für vier Personen ausgelegt.

Rosenblüte

Das Kochbuch der Limburger Landfrauen

Als der Verlag Edition Limosa GmbH bei uns anfragte, ob wir ein Heimatkochbuch zusammenstellen wollten, haben wir zunächst doch etwas gezögert. Es ist schließlich schon eine Herausforderung, in einem Kochbuch gleichzeitig auch die Heimatregion umfassend vorzustellen.

Es sollte ein Gemeinschaftswerk werden, das stand von Anfang an fest. Die Stärke unseres BezirksLandfrauenvereins erwächst aus dem Zusammenhalt aller angeschlossenen Ortsvereine und aktiver Streumitglieder. Gemeinsam sind wir stark und können etwas erreichen. Das zeigte sich dann auch beim Zusammentragen der Rezepte und Geschichten. Aber letztendlich blieb doch ein gehöriger Arbeitsaufwand an der Geschäftsführerin hängen. Bei ihr liefen alle Fäden zusammen und das Gesammelte wurde digital erfasst.

In unserem Bezirksverein sind die Ortsvereine Brechen, Dauborn, Heringen, Linter, Mensfelden und Neesbach zusammengeschlossen. Hinzu kommen noch einige so genannte Streumitglieder aus einigen Orten im Kreis, wo sich nicht genug Frauen zusammenfanden um einen Ortsverein zu gründen. Im Jahr 2009 konnte unser Bezirksverein das 60-jährige Bestehen feiern.

Von Limburg in Richtung Süden erstreckt sich das Limburger Becken. Dort findet man den Limburger Stadtteil Linter. Daran schließt sich der Goldene Grund an. Der Name leitet sich von dem in diesem Gebiet besonders fruchtbaren Lössboden ab. Die Orte Nieder- und Oberbrechen und Werschau sind in der Gemeinde Brechen zusammengeschlossen. Am Rande des Goldenen Grundes liegt die Gemeinde Hünfelden. Hier findet man die Orte Dauborn, Heringen, Mensfelden und Neesbach. Unsere Heimatorte liegen also alle in und um Limburg oder im beziehungsweise am Rande des Goldenen Grundes.

Wir laden Sie mit diesem Buch ein zu einer kleinen Reise durch unsere Heimat.

Das evangelische Gemeindehaus in Linter

Grußwort des Landrats

Liebe Leserinnen und Leser,

einer alten Redensart zufolge hält Essen und Trinken Leib und Seele zusammen. Und so ist es nur gut, Rezepte und Anregungen für gute Speisen und Getränke zu sammeln und aufzuschreiben, damit sie nicht in Vergessenheit geraten. Das wussten die Menschen schon vor mehr als dreitausend Jahren, als im Orient die ersten Kochbücher der Welt entstanden. Doch was ist das Besondere, das Einzigartige an dem vorliegenden Kochbuch? Immerhin erscheinen weltweit jedes Jahr rund vierzigtausend Kochbücher.

In dieser hervorragenden Sammlung von Rezepten steht unser Landkreis mit Limburg, Hünfelden und dem Goldenen Grund im Mittelpunkt. Unsere regionale Küche wird beschrieben, das, was schon unsere Großmütter und Urgroßmütter tagtäglich auf den Tisch brachten, um die hungrigen Mäuler zu füttern, und was früher bei besonderen Anlässen und zum Glück teilweise auch noch heute zubereitet wird: alte, traditionelle Gerichte, leckere, deftige Hausmannskost und köstliche Spezialitäten aus dem Landkreis Limburg-Weilburg.

Ich danke dem Bezirksverband Limburg des Landfrauenverbandes Hessen für dieses interessante Werk, das auf sehr ansprechende Weise die traditionelle und für unsere Region typische Kochkunst vor dem Vergessen bewahrt und so ein Stückchen Heimat für uns und für zukünftige Generationen erhält. Und das eindrucksvoll beweist, dass nicht nur unsere wunderschöne Landschaft, die liebevoll restaurierten Fachwerkhäuser und alten Baudenkmäler, die wieder intakten Brunnen und Backhäuser, die »Backes«, als Juwelen unseres Landkreises zum Genießen ' einladen, sondern auch die guten Speisen.

Ihr Landrat Manfred Michel

Landrat Manfred Michel lud ins Kloster Eberbach ein

Ein herzliches Dankeschön

Allen Personen, die uns halfen dieses Kochbuch zu erstellen und reichlich persönliche Rezepte, Fotos und Geschichten lieferten, möchten wir ganz herzlich danken. Ohne sie wäre dieses Kochbuch gar nicht erschienen.

Besonders danken möchten wir Gertrud Preusser aus Dauborn, Leni Blechschmidt aus Heringen und Gisela Wollmann aus Nauheim für ihre Mundart-Gedichte und Geschichten, ebenso Frau Margot Scholl für ihre Geschichten aus Linter, Anette Heckelmann aus Heringen für die Geschichten zur Region, Doris Lawall und Heidi Wagner aus Dauborn, sowie Luzia Fabis aus Brechen und Inge Krebs aus Mensfelden für die Sagen und Geschichten aus ihren Gemeinden.

Ein besonderer Dank gilt dem Fotografen Walter Kees und den Mitarbeitern der Kreisverwaltung Limburg-Weilburg für die wunderschönen Aufnahmen von Tieren, Pflanzen und den stimmungsvollen Bildern unserer Heimat. Auch Karl Heck und all den anderen, welche uns Fotos zur Verfügung stellten, sagen wir herzlichen Dank.

8

Danke an alle LandFrauen, welche uns mit Rezepten versorgten:

Hilde Becker aus Dauborn
Hannelore Binder aus Neesbach
Simone Bücher aus Linter
Elisabeth Büttner aus Dauborn
Hilde Dönges aus Neesbach
Renate Fassbender aus Linter
Elisabeth Eckert aus Dauborn
Antje Foth aus Mensfelden
Gudrun Großmann aus Neesbach
Anette Heckelmann aus Heringen
Margot Heckelmann aus Heringen
Theresia Heinzel aus Dauborn
Ursel Heun aus Niederbrechen

Irene Hies aus Dauborn
Andrea Höhler aus Oberselters
Hedi Hohlwein aus Mensfelden
Rosemarie Hohlwein aus Mensfelden
Barbara Hofmann aus Heringen
Zdenka Hornecker aus Dauborn
Marie-Luise Jung aus Dauborn
Edith Kelschenbach aus Neesbach
Luzie Kessler aus Linter
Ingrid Köppe aus Duisburg
Karin Kramkowski aus Werschau
Inge Krebs aus Mensfelden
Hannelore Laschet aus Linter

Altes Fachwerkrathaus in Niederbrechen

Gisela Lieber aus Mensfelden
Waltraud Ludwig aus Werschau
Christa Macht aus Linter
Gisela Marsen aus Linter
Eva-Maria Meyer aus Linter
Edith Muck aus Dauborn
Leni Narewski aus Mensfelden
Ute Nehl aus Linter
Gundela Prädanus aus Mensfelden
Gertrud Preusser aus Dauborn
Ottilie Rosbach aus Niederbrechen
Petra Roth aus Niederbrechen
Monika Sakowski aus Niederbrechen
Irmgard Schmidt aus Mensfelden
Rita Schumacher aus Mensfelden
Christa Schumann aus Mensfelden
Hiltrud Schwenk aus Mensfelden

Elsbeth Stautz aus Dauborn
Monika Trabusch aus Brechen-Werschau
Christel Viehmann aus Neesbach
Sieglinde Viehmann aus Neesbach
Irmgard Vohmann aus Linter
Elke Wagner aus Neesbach
Heidi Wagner aus Dauborn
Annemarie Wahler aus Linter
Adele Weidner aus Linter
Karin Weil aus Linter
Helene Wick aus Dauborn
Lydia Wies aus Neesbach
Gisela Wollmann aus Nauheim
Elke Wunike, Harvester Hof Linter
Heike Zimmermann aus Neesbach

9

Nicht zuletzt ein herzliches Dankeschön an Hermann Macht, der in dieser Zeit öfter mal zurück stecken musste und uns trotzdem immer hilfreich zur Seite stand. Ebenso danken wir Madeleine Heckelmann, welche uns beim Erfassen der Geschichten behilflich war.

Anette Heckelmann (1. Vorsitzende)

Christa Macht (Geschäftsführerin)

Dekorierter Handkarren zum Erntedankfest 2009

Die Region um Limburg und den Goldenen Grund

Nähert man sich von Norden über die letzten Westerwaldhöhen dem Limburger Becken, so fällt der Blick alsbald auf den Dom zu Limburg. Auf einem felsigen Steilufer über der Lahn ragt der Dom weithin sichtbar in die Höhe. Der heutige Bau wurde nach 1211 begonnen und 1235 geweiht, aber erst gegen Mitte des 13. Jahrhunderts vollendet. Vermutlich kam es während der Bauphase zur Änderung der ursprünglichen Pläne, so dass man heute neben der spätromanischen Bauweise auch frühgotische Elemente vorfindet. Neben der Besichtigung des Domes sollte man unbedingt auch einen Besuch des Diözesanmuseums einplanen, denn dort befindet sich der Domschatz.

Am Fuße des Doms lädt die Altstadt mit ihren prächtigen Fachwerkhäusern aus längst vergangenen Tagen zum Bummeln ein. Die mittelalterliche Bebauung ist nahezu unversehrt erhalten und steht komplett unter Denkmalschutz. An den Fachwerkhäusern in Limburg kann man die Entwicklung des Fachwerkbaues vom 13. bis zum 19. Jahrhundert ablesen. Die oftmals prächtige und mit Schnitzereien versehene Ausstattung zeugt vom Reichtum der einstigen Handelsstadt. Das älteste Fachwerkhaus in Limburg, das Haus Römer 2 bis 6, ist auch eines der ältesten in Hessen.

Limburg ist unsere Kreisstadt. Hier ist auch der Sitz zahlreicher Ämter und Behörden. Neben der Kreisverwaltung tagt hier auch das Amts- und Landgericht. Fährt man nun auf der Bundesstraße 417, auch Hünerstraße genannt, in Richtung Wiesbaden, erreicht man nach rund drei Kilometern von der Stadtmitte Limburgs in südöstlicher Richtung den Stadtteil Linter.

Linter

Hier ist der älteste unserer Ortsvereine zu Hause. Schon 1948 gründeten 25 Bäuerinnen einen Landfrauenverein. Als sich durch den Strukturwandel die Zahl der landwirtschaftlichen Betriebe verringerte, wurde 1978 der bis dahin rein bäuerliche Verein für alle Frauen geöffnet. Seit dem ist die Mitgliederzahl auf über 90 angestiegen. In Linter gibt es auch eine Kindergruppe, die »Minibienchen«. Der alte Ortskern von Linter weist die typische, langgezogene Form eines Straßendorfs auf, obwohl inzwischen Neubaugebiete dazugekommen sind. Die Gemarkung ist weitgehend eben (man spricht von der »Linterer Platte« im Limburger

Blick zum Dom und Schloß

Becken) und steigt nur nach Süden hin leicht auf bis zu 195 Meter an. Außerhalb der Bebauung besteht die Linterer Gemarkung fast ausschließlich aus landwirtschaftlich genutzter Fläche.

Der Ortsname entstand in Anlehnung an den Bach Lint, der sich früher durch das Dorf schlängelte und heute versiegt ist. Der Bach, der auch der Stadt Limburg ihren Namen gab, ist nach der keltischen Bezeichnung für ein Gewässer benannt. Auf dem Linterer Wappen ist ein Frosch zu sehen, da der Bach sehr amphibienreich war. Der Spitzname für die Einwohner lautet deshalb »Frösche«.

2003 wurde die alte Turnhalle abgerissen, um einem moderneren Dorfgemeinschaftshaus Platz zu machen. Dieses Bürgerhaus steht nun seit 2004 im Mittelpunkt des Linterer Vereinslebens. Das benachbarte Hallenbad wurde im gleichen Jahr geschlossen und zu einer Kegelsportanlage umgebaut.

Die Anlagen des Rassegeflügelzuchtvereins, etwas außerhalb von Linter gelegen, sind ein beliebtes Ausflugsziel. Verschiedene Vögel und Hühner können in den Volieren und sonstige Kleintiere wie zum Beispiel Kaninchen und auch Ziegen in den Freigehegen beobachtet werden. Eine Gaststätte lädt zum Verweilen ein.

Weiter führt uns die Reise in Richtung Süden. Nach etwa zwei Kilometern erreichen wir rechter Hand den Harvester Hof.

11

Blick ins Limburger Becken

Die Landfrauen Luzie Kessler, Renate Fassbender, Rosel Weil, Lotte Ruß, Margot Scholl (hinten, von links), außerdem Edith Stock, Hilde Conradi, Loni Schumann und Karin Weil (vorne, von links) mit dem damaligen Ortsvorsteher Georg Schlitt anlässlich der 800-Jahr Feier in Linter

Harvester Hof

Das Familienunternehmen wird nun in der zweiten Generation durch Wolfgang und Elke Wunike mit Herz, Liebe und dem nötigen Engagement geführt. Der Betrieb ist seit dem 1. Juli 2003 anerkannter Öko-Betrieb. Durch die steigende Nachfrage nach landwirtschaftlichen Produkten wurde die Angebotspalette unter dem Motto »produziert in der Region für die Region« immens erweitert. Der 1997 neu eröffnete Hofladen ermöglicht es, die Produkte dem Verbraucher so frisch wie möglich anzubieten. Auch für die schönsten Tage und Wochen im Jahr bietet der Harvesterhof eine Lösung: Ferien auf dem Bauernhof.

Und weiter geht die Reise. Wir verlassen nun die Bundesstraße 417 und erreichen über die Verbindungsspange die B8 in Lindenholzhausen. Von hier geht es weiter Richtung Süden. Als Portal zum Goldenen Grund schiebt sich rechts auf einer Anhöhe die Berger Kirche in unser Blickfeld. Bereits im Jahre 910 wurde die Berger Kirche erstmals urkundlich erwähnt und zählt damit zu den ältesten Kirchen im Land. Sie war Mutterkirche für viele Nachbarorte. Die Einwohner von Bergen verließen allerdings im Spätmittelalter ihr Dorf und suchten Zuflucht hinter den Stadtmauern des nahen Niederbrechen. Ihre Äcker und Felder in Bergen nutzten sie jedoch von dort weiterhin. Seit 1981 kümmert sich der Freundeskreis Berger Kirche mit viel Engagement um den Erhalt der kleinen Wallfahrtskirche.

Blick auf Niederbrechen

Brechener Rathaus

Nun erreichen wir die Heimat eines weiteren Landfrauenvereines. 1979 wurde der Landfrauenverein Brechen von 20 Frauen, überwiegend Bäuerinnen, gegründet und zählt mittlerweile knapp 100 Mitglieder aus allen Bevölkerungskreisen. Der Verein bringt sich aktiv ins Ortgeschehen ein.

Brechen

Im Kern der fruchtbaren Landschaft des Goldenen Grundes liegt die Gemeinde Brechen. Die Geschichte der drei Ortsteile Niederbrechen, Oberbrechen und Werschau reicht weit in die Vergangenheit zurück. Reste der Stadtmauer und der Gefangenenturm bestätigen das Stadtrecht, das Niederbrechen 1363 erhalten hatte. Aus dem Jahre 1700 stammt das alte Rathaus.

Die Gemeinde Brechen entstand im Rahmen der hessischen Gebietsreform durch den Zusammenschluss der Orte Niederbrechen und Werschau am 31. Dezember 1971 sowie Oberbrechen am 1. Juli 1974. In Brechen leben 6990 Einwohner. Insgesamt wohnen dort Menschen aus 41 Nationen.

Im unteren Abschnitt des Goldenen Grundes mit seinem fruchtbaren Lösboden gelegen, waren alle drei Dörfer bis in die 1970er Jahre sehr stark landwirtschaftlich geprägt; davon sind heute lediglich acht Voll- und 24 Nebenerwerbsbetriebe übrig geblieben.

Nun verlassen wir die Bundesstraße und fahren in westliche Richtung. Am Rande des Goldenen Grundes erreichen wir nun die Gemeinde Hünfelden.

Hünfelden

Die Gemeinde Hünfelden ist am 1. Oktober 1971 durch den freiwilligen Zusammenschluss der sieben früheren Gemeinden Kirberg, Dauborn, Heringen, Neesbach, Mensfelden, Nauheim und Ohren entstanden. Der Name »Hünfelden« wurde damals wegen der zahlreichen Hünengräber aus der Hallstattzeit rund um die Ortsteile Heringen und Ohren gewählt. Die Gemeinde hatte bei ihrer Gründung 6952 Einwohner. Hünfelden hat sich zu einer beliebten Wohnsitzgemeinde entwickelt und zählt heute rund 9942 Einwohner.

Da die Anzahl der Arbeitsplätze in Hünfelden gering ist, pendeln die meisten Bürger in die Städte Limburg, Wiesbaden und Frankfurt zur Arbeit. Auch die Zahl der Vollerwerbslandwirte ist im Laufe der Zeit wesentlich zurückgegangen. Eine Schule für die Kinder aus den sieben Ortsteilen befindet sich in Dauborn. Ein ausgedehntes Netz von befestigten Wanderwegen lädt Naturfreunde zu Wanderungen durch Feld und Wald ein. Radwanderwege verbinden einzelne Ortsteile miteinander. Erste Station ist Dauborn.

Die Pfarrkirche Sankt Maximin in Niederbrechen

Dauborn

... ist die Heimat des 1976 auf die Initiative von Heidemarie Wagner gegründeten Landfrauenvereins, der heute aus dem Dorfgeschehen nicht mehr wegzudenken ist. Die alter Dauborner Tracht, von den Landfrauen nachgearbeitet, wird zu besonderen Gelegenheiten getragen, zum Beispiel bei Festzügen und Feiern in den Nachbargemeinden.

Dauborn ist der einwohnerstärkste Ortsteil der Gemeinde Hünfelden. Zum Ort gehört auch das weiter südlich gelegene Hofgut Gnadenthal, ein ehemaliges Kloster. Im Süden weist die Gemarkung größere Mischwaldgebiete aus und besteht sonst vor allem aus landwirtschaftlich genutzten Flächen. Durch die Gemarkung und durch den Ort selbst fließt der Wörsbach. Vom deutlich eingeschnittenen Wörsbachtal abgesehen, steigt das Gelände nach Osten und insbesondere nach Süden an. Der höchste Punkt ist der Kuhborn an der Grenze zu Ohren mit 301 Metern Höhe. Ursprünglich war Dauborn ein kleines Straßendorf. 1825 wurde das vormals eigenständige, östlich an das alte Dauborn angrenzende Eufingen und der nördlich davon gelegene Ort »Neue Herberge«, der aus einem Gasthof hervorgegangen war, mit Dauborn zusammengeschlossen. Kurz darauf wuchsen die dicht beieinander liegenden Siedlungen zusammen, so dass heute die Übergänge kaum noch zu erkennen sind.

Dauborn gehört noch zum Goldenen Grund, dieser sehr fruchtbaren Region mit ertragreichem Getreideanbau. Felder mit reifem Getreide bringen die goldene Farbe in die Landschaft, die früher manchem Landwirt Reichtum an Gold bescherte. Wesentlich dazu beigetragen hat die Verarbeitung von Weizen und Roggen zum Branntwein. In den besten Zeiten gab es 99 Schnapsbrennereien, die ihr Erzeugnis bis ins Rheinland lieferten. Heute arbeiten nur noch fünf Brennereien.

Von Dauborn fahren wir weiter nach Kirberg.

Kirberg

... ist heute der Sitz der Gemeindeverwaltung von Hünfelden. Die Geschichte des Ortes ist eng mit der Burg Kirberg verbunden, die sich auf einem Schalsteinsporn am Rand des alten Ortskerns erhebt. Die Siedlung selbst ist aber älter als die um 1355 erbaute Burg. Die Burg wurde nur kurze Zeit genutzt und begann danach bald zu zerfallen. Viele der umliegenden Häuser sind mit Steinen erbaut, die aus der Ruine gebrochen wurden. In heutiger Zeit wurde die Burgruine zu einer Frei-

Die Dauborner Volkstanzgruppe

zeitstätte ausgebaut, die von Vereinen und Privatpersonen für Feiern genutzt werden kann.

Zugleich mit dem Bau der Burg erhielt der Ort eine neue Kirche. 1530 war Kirberg vollständig reformiert, der evangelisch-lutherische Glaube hatte Einzug gehalten. Mittelalterliche Bauteile und einzelne Ausstattungsstücke inklusive einer Papstdarstellung und die einer Heiligen in den Chorfenstern wurden in der Kirche belassen. Als Folge der Ansiedlung katholischer Heimatvertriebener entstand nach dem Krieg wieder eine katholische Gemeinde. Am 7. September 1949 erfolgte der erste Spatenstich für eine katholische Kirche, bereits am 18. Dezember wurde sie geweiht.

Ein sehr eindrucksvoller Bau in Kirberg ist das »Stein'sche Haus«. 1481 wurde es vom in der Region bedeutenden Adelsgeschlecht von Reifenberg erbaut. Besonders ins Auge fällt auch das alte Rathaus von Kirberg. Der interessante Fachwerkbau beherbergt heute die Kreissparkasse und ein Heimatmuseum.

Von Kirberg aus gelangt man auch in einen weiteren Ortsteil von Hünfelden:

15

Das alte Rathaus in Kirberg beherbergt heute die Kreissparkasse und ein Heimatmuseum

Ernte in Dauborn

Ohren

Hier gibt es leider keinen Ortsverein der Landfrauen. Einige Frauen aus Ohren haben sich als Streumitglieder unserem Bezirksverein angeschlossen. Ohren liegt an der alten Trasse der Hünerstraße, einer bedeutenden, auf die Kelten zurückgehenden Handelsstraße zwischen Rheinland, Taunus und Wetterau. Am Waldrand, neben dem Sportplatz gelegen, lädt der Grillplatz in Ohren zum gemütlichen Beisammensein ein und hat sich zu einem beliebten Wanderziel entwickelt.
Wir fahren nun zurück nach Kirberg und von dort auf der Bundesstraße zurück in Richtung Limburg. Als nächstes erreichen wir die Abfahrt nach Neesbach.

Neesbach

In Neesbach ist der 1963 gegründete Landfrauenverein zu Hause. Der rührige Ortsverein hat sich zu einer festen Größe in der Neesbacher Dorfgemeinschaft entwickelt. Besonders bekannt wurden die Neesbacher Landfrauen durch ihre von Margret Pfeiffer musikalisch geleitete Singgruppe.
Im leicht eingeschnittenen Tal des Neesbachs liegt der als Straßendorf geformte Ort mit demselben Namen. Die Gemarkung besteht fast ausschließlich aus landwirtschaftlich genutzter Fläche. Mitten im Dorf steht die evangelische Kirche und gleich nebenan wurde das evangelische Gemeindehaus, das »Johanneshaus« errichtet.
Weiter führt uns die Reise auf der B417. Die nächste Abfahrt führt nach Nauheim und Heringen.

Ortsansicht Neesbach

Die Evangelische Kirche in Nauheim

Nauheim

Der Ort Nauheim liegt am Fuße des »Nauheimer Kopf«, dem mit 265 Metern höchsten Punkt der Gemarkung. Ein Gedenkstein auf dem Hügel erinnert an ein »Kaisermanöver«, bei dem Kaiser Wilhelm II. 1905 auf dem Nauheimer Kopf eine Manöverkritik abhielt.

Im Mittelpunkt von Nauheim steht die 1708 fertig gestellte Evangelische Kirche. Weitere kulturelle Zentren sind das Lukashaus und das Dorfgemeinschaftshaus. Fahren wir nun weiter nach Heringen.

Heringen

In Heringen ist der jüngste Ortsverein im Bezirk Limburg zu Hause. Der Verein wurde 1984 von 17 Landfrauen gegründet und bringt sich aktiv im Ortsgeschehen ein. Traditionell schmücken die Landfrauen auch jedes Jahr zum Erntedankfest die Kirche mit den Früchten aus Garten und Feld. Besondere Highlights in der Vereinsgeschichte waren die Scheunenfeste zum Erntedankfest.

Der Ort Heringen liegt am Rand des Herbachtales. Die Gemarkung besteht in erster Linie aus landwirtschaftlich genutzten Flächen. Der höchst gelegene Teil ist mit 290 Metern Höhe der Römberg, auch weit über die Ortsgrenzen bekannt durch die alljährlichen Flugtage der »Modellfluggruppe Goldener Grund«.

Die evangelische Kirche in Heringen, 1783 erbaut, weist auch barocke Elemente auf. Die sehens- und hörenswerte Orgel wurde 1825 aus dem Hadamarer Franziskaner-Kloster nach Heringen verbracht und in die Kirche eingebaut. Ein Engel und Daniel geben der Kanzel ein besonderes Gepräge.

In liebevoller Kleinarbeit hat der Schreiner und Landwirt Klaus Heckelmann den ersten Stock der nicht mehr benutzten Scheune in ein Heimat- und Bauernmuseum verwandelt. Eine Sammlung originaler Maschinen und Geräte zeigt, wie früher Landwirtschaft betrieben wurde. Auch die Weiterentwicklung und Anpassung der unterschiedlichen Geräte wird deutlich.

Eine nachgebaute Wohnung, bestehend aus Diele, Schlafzimmer, Küche mit Speisekammer, auch »Küchenkammer« genannt, die »goat Stubb«, das Wohnzimmer und sogar ein ortsübliches Plumpsklo, versetzen den Besucher in eine vergangene Zeit zurück. Die Einrichtung sowie die ausgestellten Alltagsgegenstände sind alles Originale und stammen größtenteils aus dem Familienbesitz. Mit einer Schuster-

17

Heringen von der Hardt aus gesehen

sowie einer Tischlerwerkstatt mit zahlreichen historischen Werkzeugen und Maschinen wurde das Museum erweitert. Eine Dokumentation über die Wandlung der Gemarkung durch die Gebietsagrarreform rundet den informativen Museumsbesuch ab.

Auf dem Weg zurück zur Bundesstraße 417, gleich nach der Parkmöglichkeit in der Flur »Hinter den Fichten«, sieht man linker Hand im Tal eine Busch- und Baumgruppe.

Hier liegt das »Rote Meer«

Zwischen den Orten Mensfelden und Heringen wurde in den 80er Jahren des vergangenen Jahrhunderts im Zuge des Flurbereinigungsverfahrens die Teichanlage »Im Bruch« geschaffen. Das »Rote Meer«, wie das Biotop im Volksmund genannt wird, erfüllt heute seine verschiedensten Funktionen als Lebensraum für Pflanzen- und Tierwelt und als Beitrag zur Erhaltung des Gleichgewichts in der Natur und auch als Naherholungsgebiet. Die Pflege und Instandhaltung der Anlage hat der Angelsportverein Hünfelden übernommen.

Allmählich schließt sich der Kreis. Letzter Anlaufpunkt unserer kleinen Rundreise durch das Limburger Becken und den Goldenen Grund ist Mensfelden.

Mensfelden

Am südöstlichen Fuße des Berges liegt das Dorf Mensfelden. Der Landfrauenverein Mensfelden wurde 1953 gegründet. Die Geschichte des Dorfes war schon immer eng mit dem Mensfelder Kopf verbunden. Im Ortsmittelpunkt liegt die 1204 erstmals urkundlich erwähnte evangelische Kirche und in der Nachbarschaft das fast burgartig in Jugendstil-Manier errichtete Pfarrhaus.

Zahlreiche Häuser mit großen Toranlagen zeugen von einstmals großen landwirtschaftlichen Betrieben. Im Zuge der Dorferneuerung wurden in Mensfelden viele Fachwerkhäuser restauriert. Vom Ort Mensfelden fahren wir nun hinauf auf den Mensfelder Kopf.

Mensfelder Kopf

Zwischen Aar und Ems erhebt sich einer der letzten Ausläufer des Taunus nach der Lahn hin – der Mensfelder Kopf mit einer Höhe von 315 Metern. Er bietet dem Besucher, neben

Das stille Örtchen

dem lieblichen Panorama des Limburger Beckens zu seinen Füßen, eine wunderbare Fernsicht, die sich bis zu den höchsten Gipfeln des Taunus und Westerwaldes erstreckt.

Bis zum Ersten Weltkrieg wurden auf dem Mensfelder Kopf die Sedansfeiern abgehalten und unter vaterländischen Reden und Liedern die deutsche Einheit gefeiert. Auch das große Kaisermanöver 1905, als Kaiser Wilhelm II. zugegen war, ist als eine unvergessliche Erinnerung aufgezeichnet worden.

Jedes Jahr, wenn Ende August das Bergfest auf seinem in der Nähe liegenden schönen Sportplatz stattfindet, reizt es die Besucher auch seinen Gipfel zu besuchen. Ein besonders idyllisches Bild bietet der Mensfelder Kopf in den Monaten August bis September, wenn das Heidekraut blüht und mit seinem lilaroten Schimmer den Hang des Gipfels schmückt.

Nun schließt sich der Kreis. Von Mensfelden fahren wir vorbei am Harvesterhof wieder zurück nach Linter und Limburg. Am Wege kann man noch vielerlei entdecken. Das Wander- und Radwegenetz ist gut ausgebaut und ist durch die moderaten Höhenunterschiede auch für Ungeübte zu bewältigen.

19

Blick hinauf zum Mensfelder Kopf

Das Pfarrhaus in Mensfelden

Dieser Matjessalat stammt von meiner alten Freundin Anneliese. Sie hat mich während des Krieges mit meinen Geschwistern als junge Frau betreut (Evakuierung aus dem Ruhrgebiet an den Niederrhein in Labbeck bei Xanten). Anneliese ist bekannt für ihren Matjessalat. Noch bis vor einem halben Jahr hat sie mit fast 90 Jahren diesen Salat für ihre Freunde und Verwandten zubereitet. Er ist stets ein besonderer Genuss.

Annelieses Matjessalat

Irmgard Vohmann aus Limburg-Linter

4 Matjesheringe (8 Hälften)	in schmale Streifen schneiden.
1 große Zwiebel	putzen, in kleine Würfel schneiden.
1 großer Apfel (süß-sauer)	schälen, in Würfel schneiden.
4 – 6 Gewürzgurken	klein würfeln.

Die Soße

20

½ TL Salz, 1 Prise Pfeffer	mit
1 EL Zucker	
2 – 3 TL Salatwürzmischung	
½ TL Brühe (gekörnt)	
Saft 1 Zitrone	
1 EL Essig	
200 g Schmand	
200 ml Sahne	zu einer Soße verarbeiten. Die vorbereiteten Zutaten hineingeben, vermischen und gut durchziehen lassen – am besten über Nacht.

*Beilage: kleine Pellkartoffeln,
die erst am Tisch geschält werden.*

Kaninchen auf der Wiese

Chicoréesalat mit Putenstreifen

Renate Fassbender aus Limburg-Linter

2 Putenschnitzel (à 120 g)	in feine, lange, dünne Streifen schneiden und in
20 g Butter	von allen Seiten kräftig anbraten. Mit
Salz, Pfeffer, Zucker	würzen und kalt stellen.
400 g Chicorée	putzen, waschen und in schmale Streifen schneiden, gut abtropfen lassen.
2 Orangen	schälen und in kleine Stücke schneiden, dabei entkernen.
2 EL Walnusskerne	grob hacken.
6 EL Kaffeesahne	
Saft 1 Zitrone	
1 EL Curry-Ketchup	
1 Bund Schnittlauch	alles gut vermischen und mit den Orangen, dem Chicorée und den Putenstreifen anrichten.

21

Der Schwimmteich für die Feriengäste auf dem Harvester-Hof

Ritter Hattstein in Limburg auf der Plötze

Eiersalatvariationen

Feiner Eiersalat für ein kaltes Buffet

Adele Weidner aus Limburg-Linter

2 Apfelsinen	
2 Äpfel	und
8 – 10 Eier (hart gekocht)	in gleich große Stücke schneiden.
1 Dose Ananasstücke (à 425 ml, ohne Saft)	dazugeben und
250 g Mayonnaise	vorsichtig unterheben.

Eiersalat

Ottilie Rosbach aus Niederbrechen

25 Eier	10 Minuten kochen, abpellen und in Scheiben schneiden.
15 EL Mayonnaise, 9 EL Milch	
3 TL Meerrettich	
Saft von 1½ Zitronen	
Salz und Pfeffer	
3 Dosen Champignons (in Scheiben, à 425 ml)	Alle Zutaten (außer die Eier) mischen und mit den Eiern schichtweise in eine Schüssel geben.

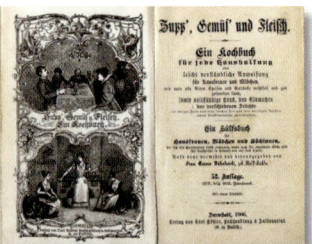

Seiten eines alten Kochbuchs

Käse-Eiersalat

Ottilie Rosbach aus Niederbrechen

200 g Gouda	und
2 Essiggurken	
4 Eier (hart gekocht)	
1 Zwiebel	würfeln. Mit
1 EL Kapern	sowie
1 EL Zitronensaft	und
Salz	eine Stunde durchziehen lassen. Kurz vor dem Servieren mit
Salatmayonnaise	anrichten.

23

BezirksLandfrauen im Mainzer Landtag

Eichenlaub im Herbst

Tanz in Mensfelden

Von Margot Scholl

Früher gingen die Jugendlichen immer in Gruppen in die umliegenden Dörfer zum Tanz. So auch einmal nach Mensfelden. Auf dem Heimweg spät in der Nacht warfen die Linterer mit Steinen auf die Straßenlampen in Mensfelden und zerstörten dabei so manche Laterne.

Nach ihnen machte sich eine Gruppe aus Lindenholzhausen auf den Heimweg. Aber inzwischen hatten die Mensfelder die defekten Straßenlampen bemerkt; sie verprügelten die Lindenholzhäuser – in der irrigen Meinung, diese seien die Übeltäter.

24

Das Gemeindehaus in Mensfelden

Lahn mit Zug

Gemüsesalat

8 EL Öl	
4 EL Essig	
1 kleine Zwiebel	
1 TL Salz	
1 TL Pfeffer (schwarz)	aus den Zutaten eine Soße bereiten.
Je 1 grüne, rote Paprika	in Würfel schneiden.
6 Tomaten	achteln.
1 große Zwiebel	in Ringe schneiden.
1 Bund Petersilie	klein schneiden.
1 Dose Erbsen (à 425 ml)	
1 Dose Bohnen (à 850 ml)	Alle Zutaten in der Soße eine Stunde ziehen lassen.

25

Lauchsalat

Christa Macht aus Limburg-Linter

2 Stangen Lauch	nur das Weiße in feine halbe Ringe schneiden. Mit
1 Dose Obstsalat (à 820 g)	und
250 g Salatmayonnaise (leicht)	vermischen, 2 bis 3 Stunden kühlen und durchziehen lassen.

Verschneites Mensfelden

So war die Getreideernte früher (800-Jahr Feier)

Kartoffel-Fleischsalat

Elisabeth Eckert aus Dauborn

350 g Kartoffeln
(gekocht, gepellt, gewürfelt)

4 Eier
(gekocht, geschält, gewürfelt)

1 Apfel
(geschält, gewürfelt)

1 Zwiebel
(klein gewürfelt)

5 Gurken
(klein gewürfelt) mit

250 g Fleischsalat und

250 g Salatmayonnaise
(leicht) mischen.

Dauborner
Rapsblüte

26

> *Schmeckt sehr frisch*
> *und ist nicht so fett*

Die Maus aus dem Kindertheater sitzt auf dem Riesenkürbis von Ingrid Schöffler

Tacco-Salat

Rosemarie Hohlwein aus Mensfelden

1 Zwiebel	würfeln und andünsten.
600 g Hackfleisch (gemischt)	dazugeben und anbraten.
1 Eisbergsalat	in Streifen schneiden.
2 rote Paprika	würfeln und auf dem Salat verteilen. Das Hackfleisch mit
Salz und Pfeffer	würzen und über die Paprika geben.
1 Dose Mais (à 425 ml)	und
1 Dose Kidneybohnen (à 425 ml)	darüber geben.
400 ml Texas-/Salsasoße	mit
200 g Schmand	und
2 EL Milch	verrühren, mit
Salz und Pfeffer	würzen und dazugeben.
200 g Gouda (gerieben)	überstreuen.
150 g Tortilla-Chips	zerbröseln und darüber streuen.

27

Chinakohlsalat

Christa Macht aus Limburg-Linter

1 Kopf Chinakohl	putzen, halbieren und in Steifen schneiden.
200 ml Sahne	mit
2 Knoblauchzehen (durchgepresst)	
½ TL Salz	
Chili (gemahlen)	sowie
Essig	und
1 gestr. TL Zucker	abschmecken, mit dem Chinakohl mischen.

Weihnachtsbaum in der Mensfelder Kirche

Warmer Kartoffelsalat (für 6 bis 8 Personen)

Christa Macht aus Limburg-Linter

2 kg Kartoffeln (festkochend)	kochen und pellen, in Scheiben schneiden.
125 g Dörrfleisch	und
2 Zwiebeln	würfeln, in
50 ml Rapsöl	anbraten.
¼ l kräftige Brühe	kochen und
6 – 8 EL Essig	sowie
Salz, Pfeffer und Zucker	in eine Schüssel geben. Die Kartoffelscheiben untermengen. Die Dörrfleischwürfel mit den Zwiebeln dazugeben, mischen und mit
Schnittlauch	bestreuen. Kurz ziehen lassen und noch warm servieren.

Das Haus der sieben Laster in der Limburger Altstadt

Nudelsalat

Renate Fassbender aus Limburg-Linter

100 g Spaghetti	kochen.
250 g Fleischwurst	klein schneiden.
1 Glas Tomatenpaprika (à 165 g)	
1 Dose Erbsen (à 425 ml)	
1 Dose Mais (à 200 ml)	und alle anderen Zutaten sowie
250 g Salatmayonnaise (leicht)	vermischen, nach Bedarf mit
Salz und Pfeffer	abschmecken.

Geflügelsalat (für 8 bis 10 Personen)

Renate Fassbender aus Limburg-Linter

2 Hähnchen	kochen, entbeinen und das magere Fleisch zerpflücken.
800 g Spargelstücke	
1 frische Ananas	in Scheiben schneiden und dann würfeln.
1 Dose Champignons (600 g, in Scheiben)	
250 g Mayonnaise	
2 EL Ketchup	und
50 g Walnüsse (gehackt)	vermischen und mit dem Fleisch vermengen.

*Die Landschaft
zwischen den Orten
Heringen und Mensfelden*

Streiche in der Hexennacht

Von Margot Scholl

In der Hexennacht, der Nacht auf den ersten Mai, verübten auch schon früher die Jugendlichen allerhand Streiche; meistens wurden die Hoftürchen ausgehängt und irgendwo versteckt.

Einmal hatten die Buben eine Ziege aus einem Stall geholt und bei einem Bauern an die Hundehütte angebunden, so dass nun die Ziege an Stelle des Hundes stand. Als der Bauer am nächsten Morgen die Ziege vor der Hundehütte sah, war er sehr erstaunt und meinte: »Ei no, ei no, doas is doach nit us Rex.«

Auch landwirtschaftliche Geräte, die früher öfter vor den Gehöften standen, waren in der Hexennacht beliebte Objekte für nächtliche Streiche. Ein Bauer legte sich nun in der Hexennacht auf seinem Wagen auf die Lauer, um den Burschen dann mit der Peitsche eins überzuziehen. Aber der Bauer schlief im Laufe der Nacht ein. Die Jugendlichen nahmen ihm die Peitsche weg und schoben den Wagen mit dem Bauern durch das Dorf.

Beliebt war bei den jungen Leuten – nicht nur in der Hexennacht – das »Zwirn-Geigen«. Ein langer Zwirnfaden wurde an einer Nadel befestigt und die Nadel dann in den Fensterkitt gesteckt. Wenn man nun mit Kolophonium (dieses braucht man für die Geigensaiten) über den Zwirn strich, gab es im Haus schauerliche Töne.

Landwirtschaftliche Geräte von früher

Obstsalat mit falscher Sahne

Adele Weidner aus Limburg-Linter

1 Dose Obstsalat (à 850 ml)	abtropfen lassen, den Saft in einer Schüssel auffangen.
2 EL Zucker	mit
2 Eiklar	sehr schaumig schlagen (falsche Sahne). Das Obst in Schälchen füllen und die falsche Sahne darauf verteilen.

Salattorte

Renate Fassbender aus Limburg-Linter

31

1 Kopfsalat	putzen und zerkleinern.
1 Salatgurke	schälen, in Scheiben schneiden.
4 – 5 Tomaten	waschen, in Scheiben schneiden.
2 Stangen Porree	putzen, waschen und in feine Streifen schneiden.
4 Eier	hart kochen, in Scheiben schneiden.
250 g Kochschinken	klein schneiden.
1 Rettich	putzen und raspeln.
1 Bund Radieschen	waschen, in Scheiben schneiden.
	Den Tortenring auf eine Platte geben und die Zutaten der Reihe nach einschichten. Jede Schicht nach dem Auflegen fest andrücken.

Das Dressing

600 ml Sahne	
400 ml saure Sahne	
Salz, Pfeffer, Senf, Zucker	
Essig, Salatkräuter	Zutaten mischen und über den Salat gießen. Zum Schluss
200 g Käse (gerieben)	darüber streuen und über Nacht kalt stellen.

Die Evangelische Kirche in Kirberg

Biersuppe

Hedi Hohlwein aus Mensfelden

½ l Milch	mit
1 Prise Salz	zum Kochen bringen.
1 EL Mehl	mit etwas
Milch	anrühren und dazugeben, aufkochen und dann etwas abkühlen lassen.
300 – 500 ml Bier	dazugeben.
1 Brötchen	in Würfel schneiden, in
1 EL Butter	anrösten und über die Suppe geben.

*Birkenallee
am Friedhof Mensfelden*

50-jähriges Jubiläum der Mensfelder Landfrauen

Bratwursteintopf

Irmgard Schmidt aus Mensfelden

400 g Dosenbratwurst	in Würfel schneiden und in eine Schüssel geben.
1 – 2 große Zwiebeln	würfeln und im Fett der Dosenbratwurst andünsten.
500 g Möhren	in Scheiben schneiden,
500 g Lauch	in Ringe schneiden und in
1 l Brühe	zusammen mit
250 g Gabelspaghetti	gar kochen. Zum Schluss die Dosenbratwurst dazugeben und nochmals erhitzen.

Traditionelle Hochzeitssuppe
(für 4 bis 6 Personen)

33

Diese Suppe wurde auch häufig zu Konfirmationen gereicht.

Leni Narewski aus Mensfelden

1 Huhn	mit
1 Bund Suppengrün	gar kochen, das Fleisch von den Knochen lösen und erkaltet durch den Fleischwolf drehen oder sehr klein schneiden, die Haut nicht verwenden. Die Brühe absieben, damit keine Knochen zurückbleiben. In der Zwischenzeit
3 – 4 Brötchen (vom Vortag)	aufweichen lassen, dann durch ein Sieb drücken und zu der Brühe mit dem Fleisch geben. Dann schlägt man
2 – 3 Eier	in die Suppenterrine, gibt langsam die Fleischbrühe unter Rühren hinzu. Mit
Salz und Pfeffer	abschmecken und zu Tisch bringen.

Lahnbrücke Runkel

Lauchsuppe (für etwa 10 Personen)

Heike Zimmermann aus Neesbach

500 g Mett (gewürzt)	und
500 g Rinderhackfleisch	mit
4 große Zwiebeln (geschnitten)	gemeinsam anbraten.
6 Stangen Lauch	schneiden und dazugeben.
1 kg frische Champignons	putzen, vierteln und dazugeben.
2 l Wasser	auffüllen,
300 g Sahneschmelzkäse	darin schmelzen und mit
Suppenwürfel und Gewürze (nach Belieben)	abschmecken.
200 ml Sahne	zum Schluss unterrühren.

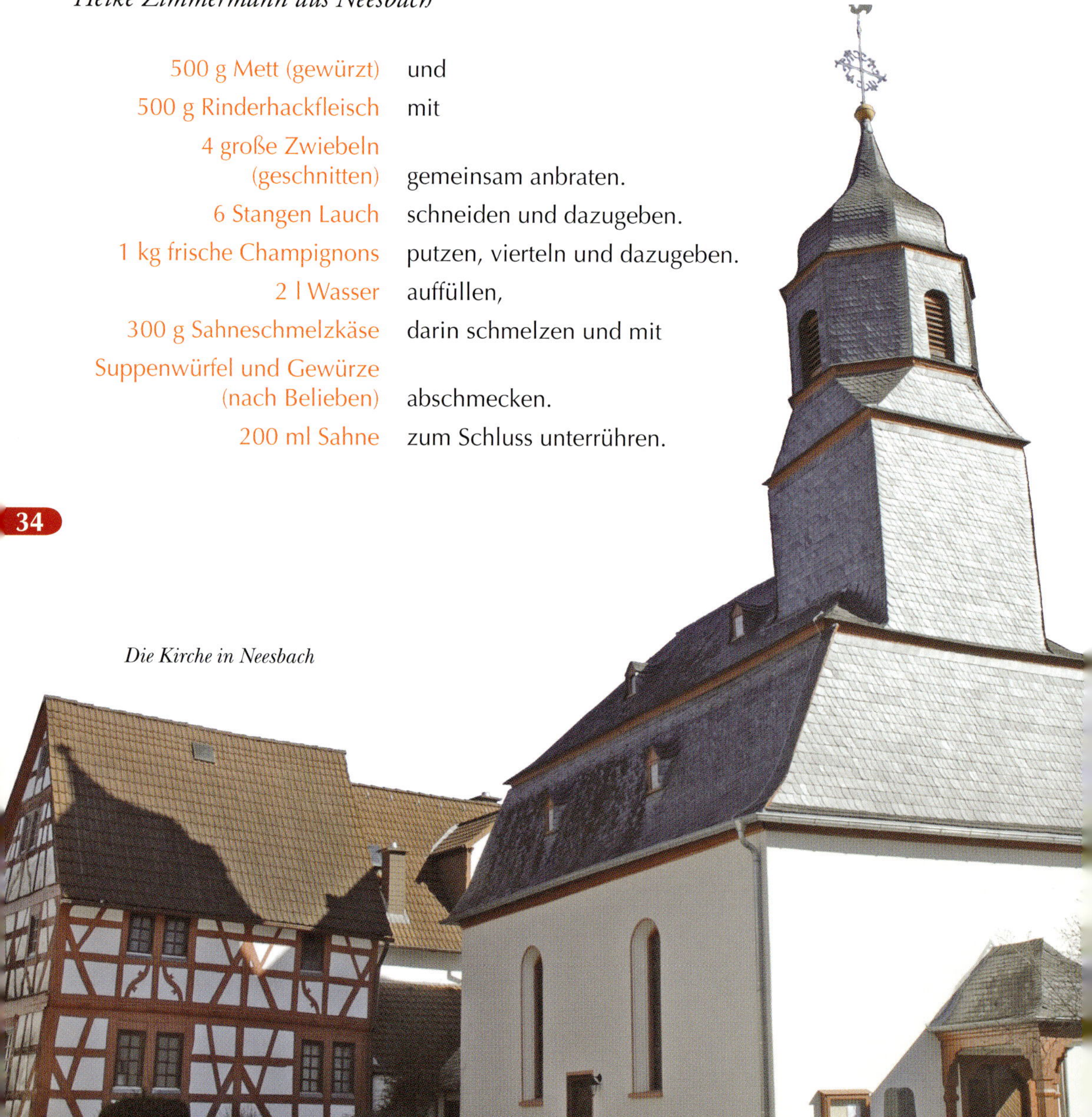

34

Die Kirche in Neesbach

Löwenzahn

Grüh Bohnesoupp (Grüne Bohnensuppe)

Gisela Wollmann aus Hünfelden-Nauheim

500 g grüne Bohnen (frisch)	in
½ EL Butter	andünsten und in
½ l Wasser	gar kochen. Mit
1 l Milch oder Sahne	auffüllen und aufkochen lassen.
2 EL Dinkelmehl	anrühren und einlaufen lassen, abkühlen lassen und mit
Essig und Salz	abschmecken.

Markklößchensuppe

35

Heidi Wagner aus Dauborn

50 g Rindermark	im Topf auslassen.
1 Brötchen	einweichen, fest ausdrücken und mit
1 Ei	zu einem Teig verarbeiten. Das ausgelassene Mark dazugeben, mit
50 g Semmelbrösel	zu einem Teig kneten, der sich zu Klößchen formen lässt. Mit
Salz	und
Petersilie (gehackt)	abschmecken. Die Klößchen in der fertigen
Fleischbrühe	gar ziehen lassen.

Steinkistengrab im Raum Limburg

Das alte Dorfleben

Von Klaus Heckelmann, Heringen

Seit Jahrhunderten lebten alle Menschen im Dorf in oder von der Landwirtschaft. Selbst die Handwerker, ob Wagner, Schmied, Schreiner, Bäcker, Schuster, Sattler, Schneider, Leineweber, Dachdecker, Küfer, Zimmermann, ... alle hatten noch nebenbei eine kleine Landwirtschaft. Ein paar Äcker, eine Kuh oder Ziege, zwei bis sechs Schweine, ein paar Hasen, ein paar Hühner, Enten oder Gänse hatte jeder. Das Futter für die Kleintiere wurde an Weg und Grabenrändern geholt. Somit wurden viele Arbeiten, die heute der Steuerzahler bezahlen muss, einfach von selbst erledigt. Daneben gab es in jedem Dorf Schafhirten, Schweinehirten, Gänsehirten und Viehhirten, welche von den Tierhaltern meist in Naturallohn bezahlt wurden. Diese gingen dann mit ihren Pfeifen, Hörnern oder Klappen, an deren Tönen sie zu erkennen waren, durch den Ort und jeder trieb sein Vieh zum Sammelplatz. Von dort aus gingen die Hirten mit dem Vieh, zum Teil mit Hunden, auf die dafür vorgesehenen Dorfweiden. Auf diese Weise wurde auch Geringstland, Unland und vor allen Dingen das Brachland der Dreifelderwirtschaft genutzt und in Ordnung gehalten.

Bevor der Winter hereinbrach, musste man für eine möglichst gute Ernte und einen gehörigen Wintervorrat sorgen. Dabei half das ganze Dorf. Die Bauern bestellten die Äcker der Handwerker und Arbeiter mit, dafür halfen deren Frauen den Bauern bei der Feldarbeit. Das fing im Frühjahr beim Kartoffelpflanzen und Rübenstecken an, ging dann beim Kartoffel- und Rübenhacken weiter, die ganze Ernte hindurch bis in den Herbst, wo jede Hand gebraucht wurde.

Wenn der Winter kam, war das Heu und das Krumet für das Vieh unter Dach und Fach. Das Getreide war in der Scheune, wo es im Winter mit dem Flegel gedroschen wurde. Die Rüben waren in der Miede, der Keller war voll Kartoffeln, das Gerüst voller Äpfel, ein großes Fass voll Sauerkraut, die Ständer voll Bohnen und Gemüse und es wurden Anfang Winter ein bis zwei Schweine geschlachtet, deren Fleisch eingepökelt wurde. Dem Bäcker wurde Roggen- und Weizenmehl zum Brotbacken geliefert. Ein Zentner Mehl ergab etwa 32 Brotlaibe. Man brauchte also nur den Bäckerlohn zu bezahlen. Brot wurde einmal in der Woche geholt und im Oberflur im Brotschrank (Brotkorb) aufbewahrt, welches die ganze Woche reichte. Frisches Brot, so hieß es, sei nicht gesund. Kuchen

Die Zentrifuge

gab es nur an Fest- und Feiertagen. Dazu mussten die Frauen ins Backhaus, um dem Bäcker zu helfen.

Fast jeder Haushalt hatte eine Zentrifuge und ein Butterfass oder Stößelfässchen. Jeden Tag wurde die Milch mit der Zentrifuge entrahmt. Die entrahmte Milch, die nicht selbst gebraucht wurde, gab man den Jungtieren. Der Rahm (Sahne) wurde gesammelt und ein- bis zweimal in der Woche zu Butter verarbeitet. Kleinere Bauern stießen die Butter im Stößelfass, größere hatten ein Butterfass, an dem so lange gedreht wurde, bis Butterklumpen entstanden. Auch verschiedene Sorten Käse stellten die Frauen her.

Der Brotaufstrich bestand größtenteils aus Birnen- und Zwetschgenkraut, wozu der Zucker aus den eigens dafür gepflanzten Zuckerrüben gewonnen wurde. Daher war das Kochen von Birnen- und Zwetschgenkraut auch so viel Arbeit, wobei sich Nachbarinnen und Verwandtschaft gegenseitig halfen. Zuerst wurden die Zuckerrüben gesäubert, gewaschen und im Kessel gekocht, um daraus die Zuckerlösung zu gewinnen. In diese Zuckerlösung wurden die geschälten Birnen oder entsteinte Zwetschgen gegeben. Nun musste das Ganze unter ständigem Umrühren so lange kochen, bis sich die Masse eindickte und nach dem Erkalten in steinernen Gefäßen lange Zeit aufbewahren ließ.

Die Küche mit dem »Herd« kennt man erst seit 1871, nach dem deutsch-französischen Krieg. Die Jahrhunderte vorher kannte man nur das offene Feuer und die »Daas«. Mit dem Herd wurde erst der geschlossene Schornstein (Russ) eingeführt.

37

Der Heringer Ortslandfrauenverein feierte 2009 sein 25-jähriges Jubiläum mit einem Erntedankfest

Der Küchenschrank

Sauerkrautsuppe (für 6 bis 8 Personen)

Renate Fassbender aus Limburg-Linter

100 g Speck (durchwachsen)	würfeln und auslassen. Je
500 g Schweinegulasch	und
500 g Rindergulasch	darin anbraten.
2 große Zwiebeln	würfeln und dazugeben, mit
Salz, Pfeffer und Chili	würzen.
2 EL Brühe (Pulver)	in
2 l Wasser	auflösen, hinzufügen.
1 Chilischote	und
2 Lorbeerblätter	dazugeben, etwa 1 Stunde garen.
1 kg Sauerkraut	dazugeben und 30 Minuten kochen.
3 Cabanossi	in Scheiben schneiden und mit
2 EL Tomatenmark	zufügen. Noch 30 Minuten garen, mit
Salz und Pfeffer	abschmecken.

38

Kloster Eberbach

Tomatensuppe nach Hausfrauenart
(für 6 Personen)

Hilde Dönges aus Neesbach

2 Stangen Lauch	putzen, waschen und in feine Ringe schneiden.
½ Sellerieknolle	waschen, schälen und in nadelfeine Streifen schneiden.
2 EL Leinöl	erhitzen, Gemüse darin fünf Minuten unter Rühren braten.
1 Knoblauchzehe	schälen, durchpressen und dazugeben.
1 l Tomatensaft	und
¾ l Hühnerbrühe	
⅛ l Weißwein	zugießen. Mit
1 Lorbeerblatt	
Pfeffer, Salz	würzen. Die Suppe 15 Minuten kochen lassen und abschmecken.
Petersilie (gehackt)	einrühren.

39

Rundballen

Irisches Hochkreuz in Dietkirchen

Ungarische Mitternachtssuppe

Rosemarie Hohlwein aus Mensfelden

1 kg Kartoffeln	garen und pürieren, mit
1 l Fleischbrühe	auffüllen.
2 grüne, 1 rote Paprika	in Würfel schneiden,
1 Chilischote	in Ringe schneiden,
4 Cabanossi	in Scheiben schneiden, alle Zutaten zur Suppe geben.
250 g Hackfleisch	als kleine Klößchen in
Butter	anbraten, dazugeben.
2 TL Paprika (edelsüß)	und
1 Bund Petersilie	zufügen.
4 EL Sahne	auf die fertige Suppe geben.

Feuertopf *(für 4 bis 6 Personen)*

Rosemarie Hohlwein aus Mensfelden

Je 1 rote, grüne Paprika	in Streifen schneiden und in etwas
Fett	andünsten (erst die grüne, dann die rote).
250 g Silberzwiebeln	
500 g frische Champignons	putzen und zerkleinern, dazugeben.
4 Gurken	würfeln, hinzufügen.
200 ml Chilisoße	zugeben und erhitzen.
1 kg Schweinelende	in dünne Scheiben schneiden, in heißem
Fett	von beiden Seiten braun braten, leicht mit
Salz	würzen und anschließend in die Soße legen. Nach Belieben mit etwas
Chilisoße (Tabasco)	nachwürzen.

41

Blick von Heringen zum Mensfelder Kopf,
im Vordergrund sieht man die Teichanlage und Mensfelden

Bayrisch Kraut

Theresia Heinzel aus Hünfelden-Dauborn

1 – 2 EL Butterschmalz	erhitzen.
1 Zwiebel	sowie
1 Apfel	würfeln und im Fett anrösten.
1 Kopf Weißkohl	fein schneiden, dazugeben. Mit
Salz, Pfeffer, evtl. Kümmel	würzen und in etwas
Wasser	garen. Zum Binden nach Bedarf
1 Kartoffel (gerieben)	darunter ziehen und nochmals aufkochen.

Rotkohl mit Mett

42

Adele Weidner aus Limburg-Linter

1 kleinen Kopf Rotkohl	fein hobeln und gar dünsten, die gleiche Menge
Apfelkompott	zugeben und mit
¼ TL Nelken (gemahlen)	würzen, zur Seite stellen.
400 g Mett	in kleine Kügelchen rollen und in einem Bräter mit
2 EL Margarine	von allen Seiten anbraten und den Rotkohl dazugeben. Mit
Salz und Pfeffer	abschmecken.

Willkommensgruß mit Kürbissen

Grüne Bohnen mit Hackfleisch

Christa Macht aus Limburg-Linter

1 kg breite Stangenbohnen	in etwa 1 bis 2 cm lange Stücke schneiden.
750 g Rinderhackfleisch	in
1 EL Öl	anbraten.
1 große Zwiebel	würfeln und mitbraten. Die Bohnen dazugeben und mit
1 Dose Pizzatomaten (à 425 ml)	auffüllen. Mit
1 – 2 Knoblauchzehen	sowie
Salz, Pfeffer und Chili	würzen. Etwa 30 Minuten köcheln lassen, nochmals abschmecken.

Reichen Sie dazu Reis oder auch Baguette.

43

Die Kirche in Dauborn

*Die ersten Schneeglöckchen kündigen an:
Bald ist der Winter vorbei*

Sellerie einkochen (für Salate)

Rosemarie Hohlwein aus Mensfelden

	Auf
1½ l Gurkenessig	
5 EL Zucker	geben.
3 Sellerieknollen	in diese Lösung hineinhobeln. Dann in Gläser füllen und 1 Stunde bei 80 °C einkochen.

44

*Der Schwarzdorn
blüht am Mensfelder Kopf*

*Die BezirksLandfrauen
beim Besuch des Mainzer Landtags*

Gestrumptes

Zdenka Hornecker aus Dauborn

150 g Speck	würfeln und in
1 EL Butter	anbraten.
2 große Zwiebeln	hacken und glasig dünsten.
250 g grüne Bohnen (klein geschnitten)	dazugeben. Mit etwas
Wasser	ablöschen.
1 kg Kartoffeln	in Scheiben schneiden und dazugeben.
3 Knoblauchzehen	
Salz und Majoran	zufügen. Alles garen lassen und dann zerstampfen. Mit etwas
Fleischbrühe	begießen und
Petersilie (gehackt)	bestreuen.

45

Mit Wurst oder Leberwurst servieren

Sellerieschnitzel

Elke Wunike vom Harvester Hof in Limburg-Linter

2 Sellerieknollen	putzen und in Scheiben schneiden.
2 l Wasser	zum Kochen bringen und die Selleriescheiben etwa 5 Minuten garen. Auskühlen lassen und in
Parmesankäse	wenden, so dass der Käse von allen Seiten haftet. Dann die Scheiben in
Rapsöl oder Butterschmalz	braten, bis sie goldbraun sind.

Der Dorfplatz in Ohren

Flucht im Morgengrauen

Von Margot Scholl

Nachdem sie schon vorher zu Schanzarbeiten am Westwall eingesetzt waren, wurden Mitte März 1945 die ersten 16-jährigen Buben aus Linter eingezogen. Vom Sammelpunkt aus ging es zu Fuß in Richtung Frankfurt. Die Mütter machten sich große Sorgen um ihre Kinder. Zwei Mütter machten sich mit dem Fahrrad auf den Weg, um die Buben zu suchen. Sie holten die Buben unterwegs ein und beschworen sie, heimlich abzuhauen.

Bei der nächsten Übernachtung in einer Scheune bei Walsdorf gelang es den fünf Linterer Burschen, im Morgengrauen durch eine kleine Hintertür zu fliehen, obwohl an der Vordertür zwei Soldaten mit Gewehren Wache standen. Auf dem Heimweg entlang der Autobahn wurden sie von Tieffliegern beschossen, konnten sich aber in den nahen Wald retten, so dass alle unversehrt zu Hause ankamen. Wäre das nicht kurz vor dem Eintreffen der Amerikaner am 27. März passiert, hätten sich die Buben mitsamt ihrer Mütter vor einem Kriegsgericht verantworten müssen.

Ein Eldorado für die Buben war gleich nach dem Einmarsch der amerikanischen Truppen der Flugplatz und auch das Wäldchen. Dort standen noch Flugzeuge – und überall lag Munition herum. Im Wäldchen waren Erdbunker und Unterstände.

Blick vom Mensfelder Kopf in Richtung Linter

Kapellchen Arfurt

Einmal fanden die Buben Panzerfäuste. Im Wehrertüchtigungslager hatten sie ja gelernt, damit umzugehen. So schoss einer von ihnen eine Panzerfaust ab. Die Detonation hörte man weithin, und schon bald war die Militär-Polizei vor Ort – aber außer einer Tracht Prügel zu Hause hatte der Panzerfaustabschuss keine Folgen.

Ein anderer Bursche nahm Patronen mit nach Hause, holte das Pulver heraus, legte es auf einen Hackklotz im Hof und schlug mit dem Hammer drauf. Es gab einen solchen Druck, dass der Hammer bis auf das Dach flog.

Später hat ein Sprengkommando herumliegende Bomben und Munition eingesammelt und diese auf dem ehemaligen Flugplatz gesprengt. Das gab große Löcher, in die man ein Haus hätte hineinstellen können. Der Zeitpunkt der Sprengung wurde stets vorher bekannt gegeben; dann mussten alle Fenster in Linter geöffnet werden, damit durch die Druckwelle keine Scheiben zu Bruch gingen.

Dass es auch zu tragischen Unfällen kam, ist schon in der »Chronik von Linter« notiert worden: Beim Spielen mit einer gefundenen Tellermine starb der unbeteiligte 10-jährige Werner Weil und auch Helmut Dörn, ein 14-jähriger Junge aus Duisburg, starb durch die Explosion von Munition.

47

Morgennebel am »Roten Meer«, der Teichanlage zwischen Heringen und Mensfelden

Nebel im Tal – Blick vom Mensfelder Kopf

Zwiebelgemüse

Adele Weidner aus Limburg-Linter

2 große Bananen	in Scheiben schneiden.
3 große Gemüsezwiebeln	in feine Ringe schneiden und mit
120 g Margarine	in einer tiefen Pfanne glasig schmoren. Die Bananenscheiben zugeben und alles hell anbräunen. In einer Schüssel
3 EL Tomatenmark	mit dem Saft von
1 Zitrone	sowie
1 Prise Salz	
¼ TL Nelkenpulver	
½ TL Curry	
1 EL Honig (flüssig)	verrühren und die Zwiebeln unterheben.

48

*Die Biene –
das Wappentier
der Landfrauen*

Die Rassegeflügelzuchtanlage in Linter

Weißkrautsalat

Heidi Wagner aus Dauborn

1 Kopf Weißkraut	und
1 rote Paprika	fein schneiden.
¼ l Essig	mit
¼ l Öl	
100 g Zucker	sowie
1 EL Salz	aufkochen, darüber gießen und gut durchziehen lassen.

Sauerkraut aus dem Fass

Gisela Wollmann aus Hünfelden-Nauheim

100 g Speck	ausbraten oder
3 EL Öl	erhitzen.
1 Zwiebel	und
1 Apfel	würfeln, im Fett andünsten, zugeben und mit
1 kg Sauerkraut (aus dem Fass)	zugeben und mit
¼ – ½ l Wasser	garen.

Ortsansicht Nauheim

Mühlenrad an der Lahn

Wirsinggemüse

Heidi Wagner aus Dauborn

1 großen Kopf Wirsing	putzen, in Stücke teilen, waschen und in einem großen Topf mit
Wasser, Salz	und
1 Msp. Natron	weich kochen. Auf einem Sieb abtropfen lassen, etwas Gemüsewasser aufheben.
1 Zwiebel	schälen und würfeln und in
40 g Fett	anschwitzen.
40 g Mehl	dazugeben, 250 ml vom Gemüsewasser sowie
¼ l Fleischbrühe	aufgießen und mit
1 Brühwürfel	
Salz, Pfeffer, Muskat	abschmecken.

50

Kastanienblüte

Evangelische Kirche in Mensfelden

Zucchini mit Nudeln und Käse-Sahne-Soße

Elisabeth Eckert aus Dauborn

2 Zwiebeln	und
2 – 3 Knoblauchzehen	in
3 EL Öl	anschwitzen.
2 mittelgroße Zucchini	in Scheiben schneiden, dazugeben und 10 Minuten garen.
100 g Kochschinken	klein schneiden und mit
1 Dose Champignons (à 425 ml)	dazugeben. Mit
Salz und Pfeffer	abschmecken.
200 ml Sahne	mit
200 g Crème fraîche	10 Minuten einkochen.
100 g Emmentaler (gerieben)	dazugeben und schmelzen lassen. Mit
Muskat	abschmecken.
350 g Bandnudeln	in
Wasser	al dente kochen. Nudeln mit dem Gemüse und der Käse-Sahne-Soße anrichten.

51

Mohnblumen im Weizenfeld

Die alte Post in Heringen

Kartoffelbrüh – Ein Nauheimer Samstags-Essen

Von Gisela Wollmann aus Hünfelden-Nauheim

Wir bringen euch heut ein Rezept, das sicher mancher kennt,
ein »Naumer« Nationalgericht, Kartoffelbrüh sich's nennt!
Des Samstags ruf ich nur zum Spaß, was koche mir heut bloß?
Die ganze Familie guckt wie irr Mama, was is da los!
Mir bleibe treu, mir bleibe treu,
der gute alte Scheibebrüh,
mir bleibe treu, mir bleibe treu,
der gute alte Kartoffelbrüh.

Und jetzt das große Dippe her Fett, Zwiebele un Dinkelmehl
merm Löffel wird's jetzt glatt gerührt ei guck, jetzt wird's schon gel.
Mit Wasser wird's jetzt abgelöscht, das gibt en schöne Brüh,
die Scheiben von Kartoffele die komme dann dabei.
Mir bleibe treu, mir bleibe treu,
der gute alte Scheibebrüh,
mir bleibe treu, mir bleibe treu,
der gute alte Kartoffelbrüh.

Das Lorbeerblatt gar wichtig ist, die Nelke, Essig, Salz,
und jetzt noch ordentlich Knobelauch der is ach gut für'n Hals.
En Blut und ach en Leberwurscht das schmeckt doch ganz famos,
doch aach en Brotworscht ist nit schlecht un gleich geht's Esse los.
Mir bleibe treu, mir bleibe treu,
der gute alte Scheibebrüh,
mir bleibe treu, mir bleibe treu,
der gute alte Kartoffelbrüh.

Mir hoffe, mir hon Freud gebracht mit unserem Menü.
Jetzt koch mal samstags Scheibebrüh
glabt nur, das macht kaa Müh.
Holt gleich das große Dippe her und habt ein bisschen Mut,
denn auch dem Haushaltsportemane tut so ein Eintopf gut.

Anmerkung: Statt Wurst nehmen wir angebratene Pilze.

Goadeviel (Gartenvögel) – ein Frühlingsgericht

Gisela Wollmann aus Hünfelden-Nauheim

1 Zwiebel	würfeln, in
Fett	anbraten.
1 Brötchen	in
Milch	einweichen, ausdrücken, dazugeben und aufkochen lassen.
5 Eier	dazugeben, rühren, bis sich die Masse vom Topf löst, dann viel
Schnittlauch (in Röllchen)	hinzufügen, erkalten lassen, runde Klöße formen und in der Pfanne braten.

Dazu kann man grünen Salat reichen.

53

Die Alte Schule in Nauheim, heute Kindergarten und Vereinsräume

Blaue Blume

Dieke Kuchen (Kartoffelkuchen)

Gisela Wollmann aus Hünfelden-Nauheim

1 kg Kartoffeln	schälen, waschen und reiben, dann den Kartoffelteig auf einem Sieb abtropfen lassen. Anschließend mit
1 Ei	und etwas
Salz	sowie
3 EL Mehl, 3 EL Quark	
Zwiebel (gewürfelt)	
Speck (gewürfelt)	verrühren.
¼ l Öl	in einer Pfanne erhitzen, den Teig hineingießen und einen etwa 10 cm dicken Kuchen von etwa 25 cm Durchmesser knusprig backen. Sobald die Unterseite schön braun ist, den Kuchen wenden oder nach dem Anbacken in den Backofen schieben.

54

Bahnhof Arfurt

»Indian Summer« in Hünfelden

Dippekuchen

4 kg Kartoffeln	reiben, mit
Salz und Pfeffer	würzen und mit
100 g Schinkenwürfel (roh)	mischen. Im Bräter (Dippe) in heißem
Öl	unter ständigem Rühren etwa 10 Minuten kochen. Dann mit
200 g Schinkenwürfel (gebraten)	und
8 Eier	zu einem Teig rühren und bei 250 °C etwa 2 Stunden im Backofen backen. Nun stürzen und aufschneiden.

> Mit »Appelmok« (Apfelkompott mit Zimt, Vanillezucker
> und geschlagener Sahne) anrichten.

Sonnenuntergang auf dem Mensfelder Kopf

55

Kartoffelgulasch

Karin Weil aus Limburg-Linter

1 kg Kartoffeln	in der Schale dämpfen oder den Rest vom Vortrag verwenden, schälen, würfeln, zur Seite stellen.
125 g fetter Speck	würfeln und ausbraten.
250 g Zwiebeln	würfeln und im Speck hellgelb rösten. Etwas
Paprika	mitrösten und
40 g Mehl	darin anschwitzen. Mit etwas
Zitronenschale (abgerieben)	und
½ l Brühe	auffüllen und 10 Minuten köcheln. Kartoffelwürfel in die Soße legen. Einige Minuten ziehen lassen und mit
Salz und Kümmel	abschmecken.

Dazu passen Würstchen und Salat.

56

Pfarrhaus in Heringen

Limburger Ziege auf der Weide

Meine beste Kartoffelsuppe

Adele Weidner aus Limburg-Linter

400 g Mett	in kleine Kügelchen rollen, in
Mehl	wälzen und nach und nach in heißem
Fett	rundherum hellbraun braten (nicht zu viele auf einmal in die Pfanne geben, damit sich kein Wasser bildet). Nun aus der Pfanne nehmen und zur Seite stellen.
1 Bund Suppengrün	mit
1½ kg Kartoffeln (fein gewürfelt)	in einen Topf geben, mit
Wasser	auffüllen (2 Finger breit über den Kartoffeln) und garen. Den Bratensatz mit etwas Wasser loskochen und zur Suppe geben. Mit
Salz, Pfeffer, Basilikum	und
Rosmarin	würzen und die Mettbällchen zugeben. Zum Schluss
150 ml Sahne	zugeben.

57

Pellkartoffeln mit Duckefett

Christa Macht aus Limburg-Linter

400 g Dörrfleisch	würfeln und auslassen.
2 – 3 Zwiebeln	würfeln und im ausgelassenen Speck anbraten. Mit
200 g Schmand	und
½ – ¾ l Milch	aufkochen lassen, dann mit
Salz und Pfeffer (weiß)	abschmecken.

Reichen Sie dazu Pellkartoffeln.

Die Lahn

So kam die Kartoffel nach Niederbrechen

Heimatchronik Brechen

In alten Chroniken kann man immer wieder von Hungerjahren lesen, wenn un-
günstige Witterung den Körnerertrag minderte. Damals war die ganze Ernährung
auf Getreideprodukte eingestellt. Die Einbrennsuppe am Morgen, die Hafergrütze
am Mittag und das selbstgebackene Brot zur Abendmahlzeit setzten genügenden
Vorrat an Körnern für ein ganzes Jahr voraus. Erst als sich der Anbau der Kartoffel
als Nahrungsmittel durchsetzte, verloren die Jahre, in welchen die Getreideernte
schlecht war, ihren Schrecken.

Als botanische Seltenheit wurde die Kartoffel durch spanische Mönche von den
Höhen der Anden in Südamerika nach Europa gebracht. Über Spanien, Italien,
die Niederlande und England kam sie auch um 1600 nach Deutschland. Zuerst
zog man sie als seltene Pflanze in Blumentöpfen oder in wenigen Stauden im
Garten. In einem alten Schulbuch kann man lesen, dass in der ersten Hälfte des

58

Kartoffeln legen in Heringen

Kaiserkronen im Bauerngarten

18. Jahrhunderts die Tochter eines Botanikers ihre Blüten als kostbare Blumen im Brautkranz trug.

Erst um die Mitte des 18. Jahrhunderts wurde die Kartoffel bekannter. Feldmäßig wurde sie jedoch kaum angebaut, weil es bei der Dreifelderwirtschaft an größeren Flächen für ihren Anbau mangelte. Zuerst wurde sie als Viehfutter verwendet, erst später als Nahrungsmittel. Bekannt ist, dass Friedrich der Große den Anbau der Kartoffel sehr förderte, dass er aber auch starken Widerstand wegen des Anbaues bei seinen Bauern fand, die von der neuen Frucht nichts wissen wollten. Erst in den Hungerjahren 1771/1772 lernten die Bauern ihren Wert als Nahrungsmittel kennen. Bei uns wurden die Kartoffeln etwa um diese Zeit erstmals feldmäßig angebaut; beileibe aber nicht in allen Dörfern. War man doch der Meinung, die Knollen seien giftig.

Auch Niederbrechen als konservatives Bauerndorf stand dem Anbau der neuen Frucht misstrauisch gegenüber. Aber auf eine merkwürdige Art und Weise wurde sie wie folgt dort heimisch: Um 1780 ging ein junger Mann, Johannes Werner mit Namen, seines Zeichens »Bauer und Gerichtsschöffe zu Niederbrechen« nach Villmar »auf die Frei«. Anna Barbara Rossbach hieß seine Auserkorene. Sie war die Tochter eines fortschrittlichen Bauern dortselbst, der den Wert der neuen Frucht als Nahrungsmittel erkannt hatte und sie bereits feldmäßig anbaute, während man sie im Heimatort des Freiers noch kaum kannte.

Als dann im Spätherbst des Jahres 1783, nach der Hochzeit der beiden, der voll beladene, geschmückte Brautwagen über die Villmarer Höhe nach Niederbrechen schaukelte, befand sich unter dem »Hilligen«, dem Heiratsgut, auch ein großer Korb voll Kartoffeln. Stirnrunzelnd sah der Vater des Bräutigams auf die Zugabe und ließ es nicht zu, dass die »Erdäpfel« in den Hauskeller gebracht wurden. So blieb dem jungen Ehemann nichts anderes übrig, als ein anderes Winterquartier für sie zu suchen. In dem »Ahlen«, dem Raum zwischen Scheune und Haus, mit Stroh und Erde zugedeckt, überwinterten die Knollen, die der junge Mann im Frühjahr der Erde anvertraute. Bald nach der ersten Ernte ließen die Bauern ihr Vorurteil gegen die neue Frucht fallen und schon im nächsten Jahr gab es im Brachland Äcker, die mit Kartoffeln angepflanzt waren.

Kartoffelernte mit dem Deutz-Traktor-Oldtimer aus 1956

Saure Kartoffeln

Ursel Heun aus Niederbrechen

125 g Speck	würfeln und langsam ausbraten.
1 Zwiebel	fein würfeln, dazugeben und leicht bräunen.
4 – 5 Kartoffeln	schälen, in Stücke schneiden, dazugeben. Mit
½ l Brühe	auffüllen. Zum Würzen
1 Lorbeerblatt	
Pfeffer, Salz	dazugeben und garen. Vor dem Anrichten etwas
Essig	und
100 ml Sahne	dazugeben.

Dazu reicht man geräucherte, grobe Bratwurst.

*Die Pfarrkirche
Sankt Maximin in Niederbrechen*

Gartenhortensien

Himmel und Erde

Rita Schumacher aus Mensfelden

500 g Äpfel	sowie
1 kg Kartoffeln	schälen und in Stücke schneiden. In etwas
Schmalz	braten und mit
Salz und Pfeffer	würzen. Mit
400 ml Wasser	auffüllen. Bei schwacher Hitze garen. Mit dem Kartoffelstampfer klein drücken und nochmals abschmecken.
500 g Blutwurst	in Scheiben anbraten.
1 – 2 Zwiebeln	in Ringe schneiden und mit der gebratenen Blutwurst servieren.

61

Süße Bratkartoffeln zu Grünkohl

Christa Macht aus Limburg-Linter

2 kg kleine Kartoffeln	kochen und pellen.
3 EL Butterfett	erhitzen.
1 EL Salz	und
1 – 2 EL Zucker	im Fett bräunen. Die Kartoffeln in der Pfanne glasieren, bis sie rundherum schön gebräunt sind.

Der Bär wurde wohl irgendwann auf den Baum geworfen – er liegt dort schon viele Jahre

Kartoffelstobbe (Klöße) mit Specksoße

Gertrud Preusser aus Dauborn

2 kg Kartoffeln (am Vortag gekocht)	pellen und durch die Presse drücken.
2 kg Kartoffeln (roh)	reiben, im Tuch oder Säckchen ausdrücken, bis sie kein Wasser mehr enthalten.
3 EL Knödelpulver (halb und halb)	
1 Ei	
1 Zwiebel	
Pfeffer, Salz und Muskat	Zutaten in einer Schüssel vermengen. Längliche Klöße formen, in kochendem
Salzwasser	aufkochen und etwa 20 Minuten ziehen lassen.

Die Specksoße

200 g Schinkenspeck	und
1 Zwiebel	würfeln und mit
1 EL Öl	rösten. Mit
Mehl	bestäuben, mit
Wasser	ablöschen, mit
Salz, Pfeffer	und
1 Brühwürfel	aufkochen. Zum Schluss gibt man
1 EL Essig	dazu.

*Dazu essen wir Apfelbrei.
Die übrig gebliebenen Kartoffelstobbe kann man am nächsten Tag
anbraten, mit einem Salat schmecken sie sehr gut.*

Warmer Kartoffelsalat mit Feldsalat

Rita Schumacher aus Mensfelden

1 kg Kartoffeln	mit Schale kochen, pellen und in feine Scheiben schneiden.
1 Zwiebel	würfeln.
200 g Speck oder Dörrfleisch	klein schneiden und in einer Pfanne mit etwas
Öl	ausbraten. Die Zwiebelwürfel dazugeben und mit etwas
Mehl	eindicken. Nun mit
Fleisch- oder Gemüsebrühe	ablöschen. Mit
Salz, Pfeffer und Essig	würzen und heiß über die Kartoffeln gießen. Vorsichtig durchmengen, 30 Minuten durchziehen lassen und nochmals abschmecken.
200 g Feldsalat	kurz vor dem Servieren unterheben.

63

Der Erntewagen als Hauswandbild

Das alte Schullehrerhaus in Mensfelden

Blumenkohltorte (für 8 Personen)

Christa Macht aus Limburg-Linter

1 Blumenkohl	putzen und 10 Minuten in
Salzwasser	kochen. 6 bis 8 Röschen zur Seite legen, den Rest grob hacken.
250 g Brokkoli	2 bis 3 Minuten in Salzwasser blanchieren, kalt abschrecken und ebenfalls zur Seite stellen.
40 g Butter	schmelzen.
50 g Mehl	einrühren, anschwitzen lassen und mit
200 ml Weißwein (trocken)	sowie
200 ml Sahne	ablöschen. 5 bis 10 Minuten unter Rühren zu einer dicklichen Soße einkochen lassen.
100 g alter Gouda (gerieben)	in die Soße streuen. Mit
Salz, Pfeffer	und
1 Msp. Muskat	abschmecken. Etwas abkühlen lassen.
3 Eier	und
1 Eigelb	verquirlen, in die Soße rühren, dann den gehackten Blumenkohl untermischen. Eine Springform mit Backpapier auslegen. Die Blumenkohlmasse und die Blumenkohl- und Brokkoliröschen einfüllen und glatt streichen. Bei 200 °C etwa 1 Stunde backen. Einige Brokkoliröschen zum Garnieren verwenden.

64

Damwild in der Rassegeflügelzuchtanlage Linter

Der Limburger Dom

Dicke Bohnen oder Saubohnen-Eintopf

(für 2 Personen)

Christa Macht aus Limburg-Linter

300 g Dörrfleisch	in Streifen schneiden (oder würfeln) und anbraten.
2 Zwiebeln	würfeln und zum Dörrfleisch geben.
3 – 4 Kartoffeln	würfeln und mitbraten. Sobald alles angebräunt ist,
1 Glas dicke Bohnen (à 720 ml)	abtropfen lassen und untermischen. Alles in eine Auflaufform geben, mit
Salz und Pfeffer	abschmecken, mit
300 ml Sahne	bedecken und im Backofen backen, bis die Oberfläche goldbraun ist.

Rosengarten auf dem Herzenberg

65

Feldarbeit Anfang des 20. Jahrhunderts

Von Margot Scholl

Noch Anfang des 20. Jahrhunderts wurde das Getreide mit der Hand gesät. Aus einem Saattuch wurden die Körner ausgestreut. Immer, wenn man mit dem linken Bein einen Schritt nach vorne machte, wurden mit der rechten Hand die Körner ausgeworfen. Später benutzte man statt des Saattuches eine »Seet«, eine Wanne aus Zinkblech, die dann umgehängt wurde.

Die großen Mähdrescher, die man heute zur Erntezeit auf den Feldern sieht, können an einem Tag so viel mähen und dazu noch gleichzeitig dreschen, wie früher zwei oder drei Bauern mit Helfern in vier Wochen Handarbeit schaffen mussten. Noch früher wurde die Frucht nur mit der Sichel geschnitten, später dann mit dem »Reff«. Die Frucht wurde meistens von Frauen »abgerafft«, in selbstgebundene Seile eingebunden und zu »Hausten« aufgestellt. Das war harte Arbeit; die Kaffeepause auf dem Feld war dann auch kein nostalgisches Ereignis, sondern diente der notwendigen Erneuerung der Kräfte.

»Selbstableger« – diese schnitten das Getreide und legten es seitwärts ab – und »Selbstbinder« – das ausgeworfene Getreide wurde automatischen gebunden – waren schon große Erleichterungen. Eine Sensation war es, als dann die ersten Mähdrescher kamen.

Anläßlich der 1200-Jahrfeier wurde ein Erntetag wie einst nachgestellt

Weizenfeld

Hackfleisch-Kraut-Auflauf (Fraaß)

1 kg Weißkraut	klein schneiden, kurz in
Salzwasser	kochen und abtropfen lassen.
300 g Hackfleisch	mit
2 Zwiebeln (gewürfelt)	
2 Brötchen (eingeweicht)	
50 g Speck	sowie
Salz und Pfeffer	gut durchkneten und mit dem gekochten Kraut vermischen. In eine mit
50 g Butter	gefettete Auflaufform geben. Weitere
100 g Butter	als Flöckchen obenauf setzen und im Backofen 1½ Stunden bei etwa 150 °C backen.

67

*Fleißige Landfrauen des Ortsvereins
Heringen haben zum 25-jährigen Jubiläum
eine Erntekrone gewickelt*

Das Pfarrhaus in Allendorf

Ausgescheppte Mehlklies

Gisela Wollmann aus Hünfelden-Nauheim

1 l Milch	mit
200 g Honig (am besten Akazienhonig)	und
1 Prise Salz	aufkochen.
300 – 400 g Dinkelvollkornmehl	auf einmal hinzugeben, aufkochen lassen.
2 – 3 Eier	unterrühren
1 EL Butter	zerlassen, einen Esslöffel immer wieder in die Butter tauchen und die Klöße abstechen.

Reichen Sie Obst dazu.

Die Pusteblume mit Stadthalle

68

Quarkauflauf

Theresia Heinzel aus Dauborn

125 g Zucker	
500 g Speisequark	
200 g körniger Frischkäse	
75 g Grieß	
1 Prise Salz	
1 EL Zitronensaft	
3 Eigelb	Zutaten gut verrühren.
3 Eiklar	steif schlagen. Zum Schluss den Eischnee unterheben. Eine Auflaufform mit
Butter	ausstreichen und mit
Paniermehl	bestreuen. Die Masse in die Form füllen und mit
Mandeln (gehobelt)	und etwas
Zucker	bestreuen. Im Backofen bei 175 °C etwa 45 Minuten backen.

69

Speck und Eier

Gisela Wollmann aus Hünfelden-Nauheim

4 Eier	mit etwas
Salz	
4 EL Milch oder Sahne	
2 TL Vollkornmehl	gut verrühren.
50 g dünne Speckscheiben	auslassen. Die Eimasse darüber geben und stocken lassen.

Ein beliebtes Fassenacht-Dienstag-Essen

Das Lukashaus in Nauheim

Kartoffelauflauf

Renate Fassbender aus Limburg-Linter

1 kg Kartoffeln (roh)	in Scheiben schneiden.
200 g Zwiebelringe	
200 g Kochschinken	und
100 g Schinkenwürfel	abwechselnd in eine gefettete Auflaufform schichten, mit
1 Ei	
250 ml Sahne	und
Salz, Pfeffer, Muskat	sowie
Kümmel (nach Geschmack)	verrühren, über die Kartoffeln gießen.
125 g Käse	darüber streuen. Gegebenenfalls noch etwas
Sahne	zugießen (die Kartoffeln müssen fast bedeckt sein). Mit Alufolie abdecken. Im Backofen bei 200 °C etwa 60 Minuten backen. Dann die Alufolie entfernen und noch ungefähr 10 bis 15 Minuten weiter backen.

70

Wagners Katze im Gartenbeet

Außenansicht des Heringer Heimatmuseums

Spargelröllchen

Anette Heckelmann aus Hünfelden-Heringen

12 Scheiben Kochschinken	Auf jede Scheibe je 3 Stangen Spargel von
36 Stangen Spargel	legen, zusammenrollen und nebeneinander in eine gefettete Auflaufform legen. Bei 250 °C etwa 15 bis 20 Minuten bräunen lassen.
400 ml Sahne	mit
1 TL Würze	und
1 EL Currypulver	steif schlagen und auf den Rollen verteilen. 10 bis 15 Minuten bei gleicher Hitze weiterbacken.

Dazu passt Reis.

Blühende Bäume

71

Die Heringer Landfrauen beteiligten sich am Umzug anlässlich des 100-jährigen Jubiläums der Freiwilligen Feuerwehr

25 Jahre Land frauen - verein Heringen

Gaaßeflaasch

Von Leni Blechschmidt aus Hünfelden-Heringen

Mir hoarre Scharlach, mir alle Kenn.
Die Mamme kimmd vu drauße renn:
»Mir hun geschloachd, ihr bleibd heud ellaa.
Un ihr zwaa Gruße seid jo doo.
Gäbd dene Klane Offgoawe off. –
Heud owend gibds Wurschdsobb, freud euch droff. –
Lossd se wenk lese un aach schreiwe,
doaß se mer Usdern nid sitze bleiwe.«

Mir loagge all en de Stobb em Nesd,
brauchde nid en die Schul, doas woar de besd.
Es woar ach kaans vu us ellaa.
Ei, mir woarn doach alle väijer do.
»Nou will aisch kaa Wurd vu eusch mie hiern
seid fleißisch und doud däi Zeit woas liern.«

»Ihr hod doach nid en Gaaß dudgedriggd?
Gaaßeflaasch« seeds Elfriede »äß aisch nid.«
»Su woas hun aisch mir doach gedoochd,
naa, aisch hun 10 Pund Rendflaasch gekoachd.
Doas gibd en fei Sobb un die Wurschd wäd goud.
Ihr wäds schun säi, ihr botzd eusch die Schnoud!«

Uum Owend kimmd die Mamme erenn,
brengd Sobb un Brodwirschdscher fir ihr Kenn.
Die Wurschdsobb, däi Wirschdscher schmeggde su fei,
doas muß doas Rend- und doas Schweinefleisch sei.

Die Mamme wolld us Kenn bedubsche!
Doo doad dä Babbe en de Dier erenn lubsche.
Wuu kimmd dä daa off aamol hää?
E'seed: »Genoachd,« un meeschd:
»Määäh, määäh, määäh!«

Das Äbtissinnenhaus in Gnadenthal, erbaut 1589 auf einem älteren
Gebäudekeller, restauriert als Gemeinschafts- und Wohnhaus 1989/1991

72

Blumenkohlauflauf mit Hackfleisch

Monika Trabusch aus Brechen-Werschau

1 kleiner Blumenkohl	in Röschen teilen.
6 Tomaten	und
250 g Champignons	in Scheiben schneiden. Alles in eine gebutterte Auflaufform schichten. Nun
250 g Hackfleisch	
1 große Zwiebel (gewürfelt)	
3 Eier	
250 ml Sahne	
Salz, Pfeffer, Muskat	sowie
Knoblauch und Paprika	vermischen und über das Gemüse geben. Im Backofen bei 200 °C etwa 50 bis 60 Minuten garen. Eventuell kurz vor Ende der Garzeit abdecken.

73

Fleischwurstauflauf

Monika Trabusch aus Brechen-Werschau

1 kg Kartoffeln	kochen, pellen und in Scheiben schneiden.
250 g Fleischwurst (in Streifen)	mit
400 g Erbsen	schichtweise in eine gefettete Auflaufform geben. Aus
30 g Mehl	und
500 ml Milch oder Brühe	eine helle Grundsoße herstellen. Darin
120 g Schmelzkäse	auflösen und über die Auflaufmasse geben. Mit
Semmelbrösel	und
Butterflöckchen	bestreuen und bei 210 °C etwa 30 Minuten backen.

Das Herbachtal

Wenn einer isst, iss mit!
Wenn einer trinkt, trink mit!
Wenn einer arbeitet, lass ihn arbeiten!

Rinderfilet »Stroganoff«

Renate Fassbender aus Limburg-Linter

600 g Filetspitzen (ohne Fett oder Sehnen)	in Streifen und diese quer zur Faser in dünne Blättchen schneiden. In einer großen Pfanne
100 g Butter	heiß werden lassen und das Fleisch bei stärkster Hitze darin schwenken, so dass es innen noch blutig ist. Auf ein Sieb legen und den Fleischsaft auffangen. In der Pfanne
Butter	erhitzen.
150 g Essiggurken	in Streifen schneiden.
200 g Crème fraîche	und
150 g Champignons (in Scheiben)	sowie den aufgefangenen Fleischsaft dazugeben. Schnell sämig einkochen lassen, mit
Pfeffer, Salz	
Zitronensaft	und
2 Msp. Dijonsenf (nach Geschmack)	abschmecken. Die Soße vom Herd nehmen, die Filetstücke darin schwenken, anrichten und mit
Petersilie (frisch gehackt)	bestreuen.

74

> *Dazu passen Rösti oder Reis.*

Die Schutzhütte am »Roten Meer«
zwischen Heringen und Mensfelden

Gekochtes Rindfleisch

Heidi Wagner aus Dauborn

750 g Rindfleisch (durchwachsen, mit Knochen)	waschen und mit
1 – 2 Markknochen	in einen Topf geben, das Mark aus den Knochen entfernen und zur Seite stellen.
2 l Wasser	auffüllen.
Lauch und Selleriegrün	zusammenbinden, dazugeben und mit etwas
Salz	zum Kochen bringen. Etwa 2 Stunden kochen, dann durchsieben und mit
Muskat	abschmecken. Diese Brühe verwendet man als Vorsuppe.

Das Rindfleisch schneidet man in Scheiben und serviert es mit Kartoffeln und Wirsing. Dazu passt Meerrettichsoße.

75

Blumenkübel in Dauborn

Dorfgemeinschaftshaus »Alte Schule« in Heringen

Rotwein-Gulasch

Annemarie Wahler aus Limburg-Linter

1 kg Rindergulasch	in
Butterschmalz	gut anbraten, mit
Salz und Pfeffer	würzen.
3 Zwiebeln	würfeln und mit
1 Zweig Thymian	zum Fleisch geben, kurz mitbraten.
1 EL Mehl	darüber stäuben und anschwitzen.
350 ml Rotwein	zugießen.
4 Wacholderbeeren	sowie
2 Gewürznelken	fein mörsern und mit
2 Lorbeerblätter	zu dem Gulasch geben. Zugedeckt 40 Minuten schmoren.
½ l Fleischbrühe	zugeben und etwa 1 Stunde schmoren.
2 Möhren	klein schneiden und zusammen mit
3 EL Weinbrand	etwa 20 Minuten vor Ende der Garzeit zugeben. Abschließend
Petersilie (gehackt)	darüber streuen.

76

Paddeln auf der Lahn

Rindergulasch im Römertopf

Ursula Heckelmann aus Hünfelden-Dauborn

*Dazu passen
Salzkartoffel oder
Nudeln.*

400 g Champignons	abtropfen lassen.
3 Zwiebeln	hacken.
1 Bund Suppengrün	klein schneiden.
500 g Rindergulasch	Zutaten in einen gewässerten Römertopf schichten. Mit
Salz, Pfeffer (weiß), Paprika	bestreuen.
1 EL Butter (in Flöckchen)	zufügen, mit etwa
50 ml Wasser (heiß)	angießen. Den Topf schließen, in den kalten Backofen schieben und das Gulasch bei 220 °C etwa 90 Minuten schmoren lassen.

Ungarischer Hirtengulasch (im Römertopf)

Anette Heckelmann aus Heringen

	Den Römertopf vor Benutzung 15 bis 30 Minuten in kaltes Wasser legen.
300 g Zwiebeln	grob würfeln und mit
4 EL Butter (in Flöckchen)	in den gewässerten Römertopf geben.
300 g Tomaten	häuten, vierteln, dazugeben.
300 g rote Paprikaschoten	entkernen, waschen, in Streifen schneiden, mit
700 g Gulasch (gemischt)	in kleinen Würfeln darüber geben. Mit
Salz	und reichlich
Paprikapulver (mild)	würzen.
850 g Sauerkraut	obenauf verteilen. Alles zusammen in den nicht vorgeheizten Backofen geben. Das Gulasch bei 220 °C im geschlossenen Römertopf etwa 2 Stunden garen lassen.

Dazu passen Kartoffelbrei oder Baguette.

Kirchenfenster in Gräveneck

Rinderschmorbraten

Renate Fassbender aus Limburg-Linter

1 kg Rindfleisch	mit
Senf	bestreichen, mit
Salz und Pfeffer	würzen und in
75 g Fett	gut anbraten.
1 Zwiebel	würfeln, dazugeben.
1 Möhre	klein schneiden, hinzufügen, anbraten. Mit
Wasser	ablöschen.
1 Lorbeerblatt	und je nach Geschmack
2 Nelken	dazugeben und 2 Stunden garen. Gelegentlich wenden. Die Soße mit
2 EL Mehl	binden.

78

Eingang zur Burg Runkel

Limburger Straße im Winter

Die Spinnstube

Von Klaus Heckelmann aus Heringen

In der Spinnstube trafen sich die Nachbarn, Bekannte und Verwandte aller Altersklassen mit Spinnrad oder Strickstrumpf bei spärlichem Petroleumlicht und flackerndem Ofenfeuer. Die Spinnstube hatte mehrere Vorteile. In einer Welt ohne Rundfunk und Fernsehen pflegte man Kameradschaft und Geselligkeit. In froher Runde wurden Neuigkeiten ausgetauscht und Volkslieder gepflegt. Man sparte außerdem Licht und Brand, was von jeher schon die größten Ausgaben der ärmlichen Bevölkerung waren.

Man traf sich also abwechselnd in den verschiedenen Häusern teils mit Spinnrädern und spann die Wolle. Die Männer saßen dabei, zupften ihren Frauen die Wolle, rauchten eine Pfeife und erzählten sich allerlei. Auch soll es Männer gegeben haben, die Strümpfe strickten. Das Spinnrad wurde durch ein Fußpedal in Gang gesetzt. Die Wolle wurde bis zur Spule zu einem Faden zusammengedreht und von derselben aufgenommen. Wurde das gesponnene Schafwollgarn in seiner Naturfarbe, weiß oder dunkelbraun, weiterverarbeitet, so ließ man einfach drei bis vier Fäden zu einem dickeren Faden zusammenlaufen und wickelte daraus ein »Knäuel«. Anschließend konnte man die Wolle verstricken. Meistens wurden jedoch drei bis fünf von den fein gesponnenen Spulenfäden zusammengenommen

79

Schafe auf der Weide

Die Orgel in der Heringer Kirche stammt ursprünglich aus Hadamar

und auf den »Haspel« gewickelt. Nahm man die Wolle vom Haspel, so hatte man einen so genannten »Wollstrang«. Diesen Wollstrang konnte man leicht färben und auch zusammengedreht im Leinensack aufbewahren. Wurde sie gefärbt, so musste die Wolle zum Trocknen wieder auf den Haspel gewickelt werden. Vor dem Stricken musste man den Strang zu einem Knäuel aufwickeln, damit die Wolle beim Stricken nicht verhedderte. Dazu reichte der Hausherr Äpfel, von denen man genug im Keller hatte. Manche ließen sie auf der Ofenplatte anbraten. Manchmal wurde auch 'mal ein Schnaps oder vom selbstgemachten Beerenwein der Hausfrau getrunken.

In den Spinnstuben der Jugend ging es meistens lustiger zu. Die Mädchen trafen sich jahrgangsweise abwechselnd in den einzelnen Häusern, wozu sich auch die jungen Burschen gesellten. Bei Handarbeiten wie Sticken, Stricken und Häkeln wurde viel gesungen und gescherzt, wobei sich manches Liebesverhältnis entwickelte, welches oft zu einer Heirat führte. Dabei kam es auch vor, dass sich einige Burschen aus verschiedenen Gesellschaften wegen bestimmter Mädchen in die Quere kamen, wobei es manchmal recht hart zuging. Ab und zu legten die Bur-

*Spinnstube anlässlich
der 800-Jahr Feier in Linter*

Eine reiche Ernte steht bevor

schen zusammen, holten ein Bündel Korn, welches sie bei einem Kornbrenner in den Nachbargemeinden zu Schnaps umtauschten. Damit ließ sich am Abend ganz schön die Stimmung einheizen. Dann wurde lustig herumgealbert, ein Volkslied folgte dem anderen und sie freuten sich mit dem wenigen, was ihnen zur Verfügung stand. Nur selten kam es vor, dass einer 'mal einen über seinen Durst trank. Noch ehe der Nachtwächter 11 Uhr blies, machte man sich auf den Heimweg. Die Burschen brachten die Mädchen nach Hause und verloren sich dann in froher Laune in den Gassen.

Die Mägde, Knechte, Lehrlinge und Gesellen, welche im Ort eine Anstellung fanden, schlossen sich einer Gesellschaft oder Kameradschaft an und gehörten somit dazu. Die Stellen (Arbeitgeber) wechselte man meistens nur am »Wandertag« (am Tag nach Weihnachten). Dann war die ganze Kameradschaft dabei, die »Kiste rücken« zu helfen; das heißt die Kleidungskiste von der alten zur neuen Stelle zu tragen. Zogen sie in ein anderes Dorf, so nahm man einen Wagen. Der Umzügler spendierte dann eine Flasche Schnaps, welche die Stimmung hob und auch den Abschied erleichtern sollte. Mit dem Winter endete auch die Spinnstube. In den Wochentagen war dann wenig los. Sonntagsmorgens war es so Brauch, dass aus jedem Haus ein, meistens jedoch zwei Personen, in die Kirche gingen. Am Sonntagmittag, wenn es das Wetter erlaubte, gingen alle, die noch gut zu Fuß waren, spazieren. Dazu luden die vier Waldungen um Heringen (großer Wald, Hardt, Römberg, Fichten), aber auch das Herbachtal, welche alle ein Spaziergängerparadies sind und den naturverbundenen Menschen auch heute noch erfreuen, herzlich ein. Dazu muss ich erwähnen, dass der Römberg 1926 und 1934 wegen großem Bedarf an Ackerland abgeholzt wurde und dem Spaziergänger als Wald nicht mehr zur Verfügung steht. Abends traf sich die Jugend in den Sälen der Gaststätten, wo einige ein Instrument mitbrachten und man bei Singen und Tanzen den Sonntag abschloss.

Trotzdem der eigentliche Sinn der Spinnstube verloren ging, hielt man bis in die 1950er Jahre an dieser Tradition fest. Man traf sich zwar nicht mehr mit dem Spinnrad, sondern mit »Strickstrumpf und Häkelkasten«. Es lag etwas urgemütliches darin, die Zeit nicht zu überrennen, was uns leider heute fehlt. Jedes Dorf konnte seine Bewohner ernähren und den größten Teil ihrer Kleidung durch Flachsanbau und Schafhaltung decken. Reichtum und Überfluss waren den Menschen unbekannt. Jeder war zufrieden und stolz auch auf den meist nur kleinen Besitz.

Dauborner Herbstwald

Liebe geht durch den Magen
drum lass Dir raten,
mach' öfter einen guten Braten!

Hackfleischbällchen in Käsesoße

Renate Fassbender aus Limburg-Linter

500 g Hackfleisch (gemischt)	mit
1 Brötchen (eingeweicht)	
1 Ei	
1 Zwiebel (gewürfelt)	und
Salz, Pfeffer, Brühe (Pulver)	zu einem Hackteig verarbeiten. Die Hackfleischmasse zu Bällchen formen und in kochendem
Salzwasser	gar kochen. Eine helle
Mehlschwitze	zubereiten und mit der Brühe aufkochen.
200 g Sahneschmelzkäse	dazugeben und mit etwas
Sahne, Brühe (Pulver)	abschmecken.

> *Dazu passen Reis*
> *und grüner Salat.*

82

Löwenzahn und Gänseblümchen

Der Hofladen von Elke Wunike
auf dem Harvester-Hof

Limburger Säcker

Christa Macht aus Limburg-Linter

4 Schweinekoteletts (ohne Knochen)	mit
Salz	würzen und seitlich eine Tasche einschneiden. Mit
Senf	ausstreichen und mit je 2 Esslöffel von
8 EL Sauerkraut	einfüllen.
4 Scheiben Dörrfleisch	würfeln und anbraten, einfüllen.
4 Essiggurken (in Scheiben)	füllen. Koteletts mit
4 Zahnstocher	zustecken, in etwas
Mehl	wenden und in
Butterschmalz	braten.

83

Hackfleischtopf mit Pilzen

Ingrid Köppe aus Duisburg

125 g Dörrfleisch	anbraten.
800 g Champignons	putzen, in Scheiben schneiden und mitbraten.
1 kg Hackfleisch	in einem weiteren Topf anbraten.
2 Stangen Lauch	putzen, vierteln und in feine Streifen schneiden, zum Hackfleisch geben. Nun die Pilze und das Dörrfleisch zufügen.
4 EL Tomatenmark	und
1 EL Senf	dazugeben. Mit etwas
Salz und Pfeffer	würzen und zum Schluss noch
200 g Crème fraîche	unterrühren.

Dazu passen sehr gut Baguette oder Fladenbrot.

Alte Lahnbrücke mit Brückenturm

Gefüllte Schweinebrust

Christel Viehmann aus Neesbach

1½ kg dicke Rippe	waschen, abtrocknen und eine tiefe Tasche einschneiden. Innen und außen mit
Salz und Pfeffer	würzen.
300 g Lauch	sowie
2 Knoblauchzehen	
2 rote Paprika	in Würfel schneiden, mit
250 g Frischkäse	vermengen und mit etwas
Salz und Pfeffer	würzen, in die Tasche füllen.
2 – 3 Zahnstocher	zum Verschließen der Tasche verwenden. Anschließend in
2 EL Butterschmalz	von beiden Seiten gut anbraten.
2 Zwiebeln	in Ringe schneiden und mit
250 ml Weißwein	zum Fleisch geben. Zugedeckt etwa 1 Stunde schmoren lassen.
300 g Champignons (in Scheiben)	zufügen und 10 Minuten mitschmoren. Den Bratfond mit
100 g Crème fraîche	verrühren, abschmecken und je nach Geschmack mit
Schnittlauchröllchen	bestreuen und servieren.

84

Ortsansicht Neesbach

Hackrolle »Cordon bleu« mit Röstis

(für 6 bis 8 Personen)

Andrea Höhler aus Oberselters

1 Zwiebel	fein würfeln und mit
1 Msp. Paprika (edelsüß)	
1½ kg Hackfleisch (gemischt)	
3 Eier	
2 TL Senf (mittelscharf)	
1 TL Oregano (getrocknet)	verkneten. Mit
Salz und Pfeffer	würzen. Die Arbeitsfläche dünn mit
3 EL Paniermehl	bestreuen und den Hackteig rechteckig (28 x 30 cm) ausrollen.
4 große Scheiben Gouda	entrinden, auf den Hackteig legen, dann mit
2 – 4 Scheiben Kochschinken	belegen. Dabei je einen Rand von 2 cm frei lassen. Von der langen Seite her aufrollen. Offene Enden einschlagen und zusammendrücken. Auf ein mit Backpapier ausgelegtes Backblech setzen.
1 kg Kartoffel (vorwiegend festkochend)	schälen, grob raspeln und mit
2 Eier	mischen. Mit etwas
Salz	würzen. Die Hälfte der Kartoffelmasse auf der Hackrolle verteilen und leicht andrücken. Restliche Kartoffelmasse kalt stellen. Die Hackrolle im Backofen (E-Herd: 200 °C/ Umluft: 175 °C) 50 bis 60 Minuten backen. Nach 40 Minuten gegebenenfalls abdecken.
Öl	in einer Pfanne erhitzen, die übrige Kartoffelmasse portionsweise mit einem Esslöffel hineingeben, flach drücken und 2 bis 3 Minuten unter einmaligem Wenden zu goldbraunen Röstis braten. Die Hackrolle mit den Röstis servieren.

Dazu schmeckt ein bunter Salat.

85

Die Mehrzweckhalle in Neesbach

Rossknechtschnitzel

Renate Fassbender aus Limburg-Linter

1 kg Schweinebauch	in
2 l Brühe	erhitzen.
2 Zwiebeln	mit
2 Lorbeerblätter, 2 Nelken	spicken, dazugeben, weich kochen und in der Brühe erkalten lassen. Pro Person 2 Scheiben Fleisch abschneiden, mit
2 EL Meerrettich	und
2 EL Senf (süß)	bestreichen. In
Mehl, Ei	
Semmelbrösel	panieren und in der Pfanne braten. Auf
Bratkartoffeln	anrichten.

86

Rathaus Hadamar

Schwan

Saure Nieren

Karin Weil aus Limburg-Linter

500 g Schweinenieren	waschen, von Haut und Röhren befreien. Einige Stunden in Milch legen, dann in Scheiben schneiden.
1 Zwiebel	fein schneiden und in
50 g Fett	anschwitzen. Nieren dazugeben und kurz anrösten. Mit
25 g Mehl	bestäuben und etwa
⅜ l Wasser oder Brühe	aufgießen. Mit
Salz, Pfeffer	würzen. 4 bis 6 Minuten zugedeckt schmoren. Mit
Essig und Zucker	und je nach Geschmack mit etwas
Majoran	sowie
3 EL Sahne	verfeinern.

87

Das Berkelwäschen

Aus einem Niederbrechener Heimatbuch

Wo die Gemarkungen von Ober- und Niederbrechen in dem kleinen Wäldchen südlich des Emsbaches zusammenstoßen, liegt eine tiefe Schlucht, die den Namen Scheidgraben führt. Dort hauste seit alter Zeit eine geisterhafte alte Frau, das »Berkelwäschen« genannt. Diese soll zu Lebzeiten eine Hexe gewesen und auf dem Scheiterhaufen verbrannt worden sein. Als solche wurde sie nach ihrem Tode in diesen Scheidgraben verbannt. Hier geht sie heute noch in der Geisterstunde um. In ein langes, weißes Gewand gekleidet, naht sie sich dem nächtlichen Wanderer. Wenn dieser nun aus Angst seine Schritte beschleunigt, springt sie ihm auf den Rücken und lässt sich bis zur Schafbrücke tragen. Dort verschwindet die Gestalt mit lautem Gelächter.

Sonnenuntergang auf dem Mensfelder Kopf

Schinkenrollen (für 6 Personen)

Heike Zimmermann aus Neesbach

1 kg Hackfleisch	mit etwas
Salz, Pfeffer und Paprika	würzen. Auf jede Scheibe von
18 Scheiben Kochschinken	etwas Hackfleisch geben und zu einer Rolle formen. Die Rollen in einen Bräter dicht nebeneinander und aufeinander legen, damit sie nicht aufgehen.
400 ml Sahne	mit
200 g Schmand	und
500 ml Zigeunersoße	verrühren und über die Rollen gießen. Bei 200 °C etwa 1 Stunde im Backofen garen lassen.

> *Dazu schmecken grüner oder gemischter Salat, Kroketten oder Baguette.*

88

Neesbach im Dunst

Alter Eisenbeschlag

Schweineschmorbraten

Renate Fassbender aus Limburg-Linter

4 große Zwiebeln	in Ringe schneiden und in einen Schmortopf legen. Darauf
1 Lorbeerblatt	und
4 Pimentkörner	verteilen. Dann
1 kg Schweinenacken (ohne Knochen)	mit
Salz	würzen und auf die Zwiebeln legen. Nun bis zur Hälfte mit
5 EL Weinessig	
½ l Dunkel- oder Altbier	und
5 EL Honig	auffüllen. Den Topf schließen und den Deckelrand bei Bedarf mit einem
Wasser-Mehlteig	abdichten. Im Backofen 90 Minuten bei 200 °C schmoren.

89

Als Beilage passen Rotkohl oder Wirsing und Kartoffeln.

Fachwerkhäuser im Kreis Limburg

Schweinelende im Römertopf (für 6 Personen)

Christa Schumann aus Mensfelden

1 kg Schweinelende	in Medaillons schneiden, mit
Salz, Pfeffer, Paprika	würzen und kurz anbraten. Den Römertopf wässern.
1 kg Zwiebeln	schneiden und hell dünsten. Die Medaillons mit den Zwiebeln und
2 Dosen Champignons (à 400 g, geschnitten)	in den Römertopf geben. Je zur Hälfte mit
Fleischbrühe	und
Tokaji oder Portwein	auffüllen, bis die Masse bedeckt ist. Über Nacht zugedeckt in den Kühlschrank stellen. Am nächsten Tag etwa 1 Stunde bei 180 °C bis 200 °C abgedeckt im Backofen garen lassen.

Dazu passt Reis mit Erbsen und Möhren.

90

Blühendes Rapsfeld

Winternacht in Mensfelden

Überbackene Steaks mit Hackfleisch und Käse

Barbara Hofmann aus Heringen

8 Schweinesteaks	mit
Salz und Pfeffer	würzen und auf ein gefettetes Backblech nebeneinander legen. Aus
500 g Hackfleisch	und
1 Brötchen (eingeweicht)	
1 Zwiebel (klein geschnitten)	sowie
1 Ei	einen Frikadellenteig herstellen und gleichmäßig auf den Steaks verteilen. Mit
Salz und Pfeffer	würzen. Je einen Beutel von
2 Beutel Edamerkäse (à 200 g, gerieben)	auf 4 Steaks streuen.
800 g Crème fraîche	auf den Steaks verteilen und im Backofen bei 200 °C etwa 30 bis 45 Minuten backen, bis der Käse gebräunt ist.

91

Dazu schmecken Baguettebrot und grüner Salat. Verdünnt man Crème fraîche mit etwas Wasser oder Milch, so verteilt sie sich besser auf den Steaks.

Ortsansicht Heringen

Die Turnhalle des TSV in Heringen

Der Mensfelder Kopf

Von Helde Minche

Als Schönheit im Nassauer Land,
ist unser Mensfelder Kopf bekannt.
Stolz schaut er hinaus bis in die weite Ferne
und alle kommen zu ihm so gerne.
Denn es ist so schön dort oben zu steh'n,
zu schauen in die Lande hinaus,
wo liegen die Dörfer und Höh'n.
Dort ist unsere Heimat, da sind wir zu Haus'.

Am Fuße klein Linter, dahinter der Dom
und Limburg liegt schön wie das heilige Rom.
Zur linken das Aartal, nicht groß, aber fein,
mit seinen Dörfchen so schmuck und so rein.

Bei Holzheim auf einem Felsen fest,
Burg Aardeck ein alter Ruinenrest.
Weiter hinten die Berge vom Westerwald,
wo es im Winter so lange bitter kalt.
Schloss Dehrn glänzt in der Sonne so schön,
zur rechten da grüßen die Taunushöh'n.
Den Feldberg kann man sehn sogar,
manch' Dörflein blinkt von fern und nah'.

Auf dem Mensfelder Kopf

Wenn noch die weiten Felder in Ähren steh'n,
die Halme im Winde schwanken,
da kann man nur staunen und sehen.
Dem himmlischen Vater danken
für all' die Herrlichkeit und Pracht,
für die Heimat, die er so schön gemacht,
für die weite Gotteswelt
und das blaue Himmelszelt.

Drum jeder, der's noch nicht geseh'n,
wie es auf dem Mensfelder Kopf so schön,
dem sage ich, komm' einmal herauf
und mache deine Augen auf!

Schweinefilet überbacken

93

Christa Macht aus Limburg-Linter

2 Schweinefilets	in Scheiben schneiden, anbraten und aus dem Fett nehmen.
2 große Zwiebeln	hacken und mit
350 g Champignons (in Scheiben)	im Bratfett glasig dünsten. Fleisch dazugeben, mit
Salz und Pfeffer	würzen und mit
2 EL Mehl	bestäuben. Dann mit
250 ml Sahne	auffüllen,
120 g Kräuterschmelzkäse	darin auflösen. Mit
6 Scheiben Emmentaler	bedecken und im Backofen etwa 10 Minuten überbacken, bis der Käse zerläuft.

Heidschnucken am Mensfelder Kopf

Schlachtschüssel

Renate Fassbender aus Limburg-Linter

50 g Speck	würfeln.
1 Zwiebel	würfeln und im Speck anrösten.
1 kg Sauerkraut	dazugeben und mit
4 Wacholderbeeren	und
3 Lorbeerblätter	würzen. Mit
¼ l Wasser	auffüllen,
250 g Schweinebauch	dazugeben und 45 Minuten kochen. Nach Bedarf nochmals
¼ l Wasser	zugeben. 10 Minuten vor Ende der Garzeit etwas
Leberwurst	und
Blutwurst	auflegen und gar kochen. Zum Schluss mit
Salz und Pfeffer	abschmecken.

94

Dazu passt Kartoffelbrei mit gebräunten Zwiebeln.

LandFrauen zu Besuch in Ahausen

Das Limburger Becken vom Mensfelder Kopf aus gesehen

Zimtbraten

Christa Schumann aus Mensfelden

1,2 kg Nackenbraten (ohne Knochen)	mit den Zehen von
1 Knoblauchknolle (mittlere Größe)	spicken. Mit
Salz und Pfeffer (schwarz)	würzen. In
100 g Butterschmalz	bei milder Hitze anbraten, aus dem Topf nehmen und den Braten mit
1 TL Zimt	einreiben. Von
1 Bund Frühlingszwiebeln	das Grüne abschneiden und die weißen Zwiebeln im Bratensaft anbraten. Dann
1 große Zimtstange	im Bratensaft etwa 30 Minuten andünsten. Mit
2 cl Madeira	und
30 ml Rinderbrühe	etwa 60 Minuten weitergaren.

95

Dazu schmeckt Kartoffelbrei. Das Grüne der Frühlingszwiebeln können Sie in Röllchen geschnitten zum Kartoffelbrei geben.

Blick über die Dächer von Mensfelden nach Heringen

Hausinschrift

Gottes Segen und des Bauers Hand erhält das ganze Vaterland.

Lamm in Paprikasoße

Hilde Dönges aus Neesbach

1 kg Lammfleisch	in Würfel schneiden und mit
Salz	würzen.
1 l Wasser	aufkochen. Das Fleisch hineingeben, es soll vom Wasser bedeckt sein, nun aufkochen lassen und abschäumen.
1 Möhre	und
1 Stange Lauch	putzen, klein schneiden, zum Fleisch geben.
6 Pfefferkörner (weiß)	und
Petersilie	dazugeben. Im geschlossenen Topf bei mäßiger Hitze 75 Minuten kochen. Danach das Fleisch aus dem Topf nehmen und warm stellen. Die Brühe durchsieben.

Die Soße

1 Zwiebel	schälen und würfeln.
1 EL Butter	erhitzen, nun
1 EL Paprika	und die Zwiebel einrühren und durchbraten.
1½ EL Mehl	darin anschwitzen und mit
¼ l Gemüsebrühe	ablöschen.
Thymian und Rosmarin	zugeben. 5 Minuten kochen und mit
Salz und Pfeffer (schwarz)	würzen.
1 rote Paprika	fein hacken, in die Soße mischen und zum Fleisch reichen.

Ruhebank in Neesbach

Blick auf Neesbach

Mariniertes Lamm

Simone Bücher aus Limburg-Linter

8 – 12 Lammkoteletts oder 8 Scheiben aus der Lammkeule	zur Seite stellen.
3 Knoblauchzehen	pellen, durchpressen und aus
6 EL Olivenöl	
2 TL Kräuter der Provence	
200 ml Rotwein	sowie
Salz und Pfeffer	eine Marinade herstellen. Das Fleisch mit der Marinade im Gefrierbeutel mindestens 10 Stunden ziehen lassen. Dann schmeckt es, auf dem Grill zubereitet, am besten.

97

Die Lubentiuskirche

Weilburger Schlosskirche

Geflügelauflauf

Monika Trabusch aus Brechen-Werschau

250 g Geflügelfleisch	garen.
2 Scheiben Kochschinken	und
1 Paprikaschote	würfeln.
2 Eier	trennen, das Eiklar steif schlagen, zur Seite stellen. Aus den anderen Zutaten einen Fleischteig bereiten. Zum Schluss den Eischnee unterheben. Das Ganze in eine Auflaufform füllen und bei 180 °C etwa 20 Minuten backen. Dann aus
2 EL Butter	Butterflöckchen auflegen und mit
2 EL Käse (gerieben)	bestreuen und nochmals 10 Minuten in den Backofen schieben.

Brechen von der Berger Kirche aus gesehen

Schafherde auf der Waldwiese bei Gnadenthal

Zitronenhähnchen

Simone Bücher aus Limburg-Linter

1½ kg Hähnchenschenkel	waschen und abtrocknen.
2 Zitronen (unbehandelt)	davon eine auspressen, die andere in Scheiben schneiden. Die Hähnchenschenkel mit
Salz und Pfeffer	sowie dem Zitronensaft würzen und mit 6 Esslöffeln von
12 EL Olivenöl	beträufeln.
2 Stiele Salbei	und
6 Stiele Thymian	auf das Fleisch legen. Mit Klarsichtfolie abdecken und mindestens 2 Stunden im Kühlschrank marinieren.
600 g kleine Kartoffeln	säubern.
8 Knoblauchzehen	und
2 Zwiebeln	pellen, die Zwiebeln achteln und beides zusammen mit den Kartoffeln zwischen die Hähnchenschenkel legen.
200 ml Geflügelbrühe	sowie das restliche Olivenöl darüber gießen und im vorgeheizten Backofen auf unterster Schiene bei 140 bis 160 °C etwa 1½ Stunden garen. Dabei mehrmals mit dem Bratensaft übergießen.

99

Blüte mit Morgentau

Kreuzkapelle in Bad Camberg

Kochregeln für Schülerinnen

Von Doris Lawall aus Dauborn

In Auszügen aus einem Kochbuch von 1925 für Schülerinnen
der Kreishaushaltungsschule

Willst du kochen, spute dich!
Geh' bei Zeit daran und frisch,
Fange alles wacker an,
Hast dann selbst 'ne Freude dran!
Das Geschirr muß blank und rein,
Grad' wie auch du selber sein.
Und was nötig halt bereit,
Daß verlorn nicht die Zeit.
Durch unnötigen Aufenthalt
Laß den Herd nicht werden kalt!
Und richt' hin das Feuer ein,
Nicht zu groß und nicht zu klein.
Faß die heißen Töpfe auch
Nur mit Lappen, wie's Brauch.
Niemals bring die Schürze dran,
Wie's so manche schon getan.
Greife flink zu und gewandt,
Hab heißes Wasser stets zur Hand;
Daß nichts anbrennt, fleißig schau
Und besieh's Rezept genau!
Vorsicht führt zuerst zum Ziel
Darum würze nicht zu viel,
Und besonders sei bedacht
Bei dem Salz – sonst wird gelacht!
Koche schmackhaft stets und gar,
Sonst ist's keine Kunst fürwahr -
Und trägst auf du ein Gericht,
Tu's mit freundlichem Gesicht,
Denn das merk' dir, junges Blut -
Dann schmeckt's noch einmal so gut!

100

Küchenutensilien von früher

Wildschweinrücken

Christa Macht aus Limburg-Linter

1½ – 2 kg Wildschweinrücken	von den Sehnen befreien, die Fettschicht nicht entfernen, sondern rautenförmig einschneiden.
Salz, Pfeffer (schwarz, aus der Mühle)	mit
Wacholderbeeren (gemörsert)	mischen und den Wildschweinrücken damit rundherum einreiben. Den Braten auf einer Fettpfanne in den auf 225 °C vorgeheizten Backofen schieben. Nach 20 Minuten die Hitze auf 100 °C reduzieren und den Braten etwa 1½ bis 2 Stunden garen. Er sollte eine Kerntemperatur von 75 °C haben.

> *Da keine Soße anfällt, passt Kartoffelpüree mit feinen Streifen von Lauchzwiebeln dazu und Rotkraut oder Wirsinggemüse.*

101

Reh mit Hutzeln

Gisela Marsen aus Limburg-Linter

600 g Rehfleisch	in ½ cm dicke, 3 cm lange Streifen schneiden und in einer heißen Pfanne kurz und kräftig anbraten.
½ Zwiebel	würfeln und mitbraten. Mit
¼ l Apfelwein	ablöschen.
3 EL Apfelmus	und
200 g Backobst (eingeweicht)	dazugeben.
2 TL Paprikagewürz	und
⅛ l Sahne (geschlagen)	unterheben.

Kapelle Beselich

Eingelegte Bratheringe

Gisela Marsen aus Limburg-Linter

1 kg grüne Heringe	schuppen, säubern, mit
Salz und Pfeffer	würzen und in
5 EL Mehl	wenden. In
2 EL Butterschmalz	knusprig braten, zur Seite stellen. Mit etwas
Wasser	
5 Wacholderbeeren	
6 Pfefferkörner	
1 EL Senfkörner	und
1 Lorbeerblatt	einen Sud kochen.
2 Zwiebeln	in Scheiben schneiden, zum Sud geben, diesen mit
Salz und Zucker	sowie
¼ l Essig	kräftig würzen. Ein Teil des Suds in die Pfanne geben, kurz aufkochen lassen und wieder zurück in den Topf gießen. Danach werden die fertig gebratenen Heringe in den heißen Sud gelegt, wo sie zwei bis drei Tage ziehen sollen.

> *Zu diesem deftigen Gericht passen Bratkartoffeln und Gurkensalat.*

102

Schloss in Schadeck

Entenbad

Räucherlachs mit Paparella

Ute Nehl aus Limburg-Linter

200 g Räucherlachs	in 1 cm breite Streifen schneiden, mit
Dill (gehackt)	
Paprikapulver	und
2 EL Olivenöl	vermischen und kurz ziehen lassen.
300 g Paparella	kochen, abseihen und zurück in den Topf geben.
40 g Butter	in eine Pfanne geben, die Lachsstreifen dazugeben, 2 Minuten ruhen lassen, damit sich der Lachs langsam erhitzt. Mit
Salz und Pfeffer	abschmecken und mit
50 g Parmesan (gerieben)	servieren.

Paparella sind schmale, lange italienische Nudeln.

103

Ausblick von Mensfelden in Richtung Linter,
im Vordergrund der Harvesterhof

Früher wurde die Ernte
noch mit dem Pferdefuhrwerk eingefahren

Das Klopfmännchen bei Niederbrechen

Aus einem Niederbrechener Heimatbuch

Einst war Niederbrechen eine Stadt, die von einer hohen Mauer mit zwölf Türmen umgeben war. Zwei Stadttore, das Ober- und das Untertor, führten in die Stadt. Außer diesen befand sich noch ein geheimes Türchen, das Posttürchen in der Mauer, das durch die dichten Hecken auf dem Wallgraben vor der Mauer von außen nicht zu erkennen war.

In der Stadt selbst stieß eine enge Sackgasse, das Rosengässchen, auf diese geheime Pforte. Ein besonders zuverlässiger Einwohner der Stadt, der in diesem Gässchen wohnte, hatte den Schlüssel dazu und das Recht, den Vertrauten die Pforte zu öffnen. Einst verriet ein Mann aus Niederbrechen den Feinden der Stadt diesen geheimen Zugang. Er führte sie in dunkler Nacht an die Pforte heran und veranlasste den Hüter derselben durch das ihm bekannte Klopfzeichen, die Pforte zu öffnen. Als die Feinde den Pförtner überwältigen wollten, gab es Lärm; die Bürger eilten herbei, vertrieben die Feinde und fingen den Verräter. Diesen ereilte für seinen Verrat die verdiente Strafe: Er wurde zum Tode verurteilt und enthauptet. Weil er nicht in geweihter Erde begraben werden konnte, musste er als ruheloser Geist umgehen. Zuweilen erschien er auch an dem Türchen, wo er sich durch eigenartiges Klopfen bemerkbar machte. Öffnete dann der Pförtner das Türchen, so sah er das Klopfmännchen, das, auf einem schwarzen Pferde sitzend, seinen Kopf unter dem Arm trug und sich in Richtung des alten Holzweges entfernte.
Von der Zeit an, als die ersten Häuser vor die Stadtmauer gebaut wurden, sah man das Klopfmännchen nicht mehr.

Die Bergerkirche in Brechen-Werschau

Matjes in Sahnesoße

Renate Fassbender aus Limburg-Linter

4 Salzheringe oder Matjes	entgräten und eventuell über Nacht wässern.
2 Zwiebeln	in Ringe schneiden,
4 Äpfel	schälen und würfeln.
250 ml Sahne	mit etwas
Zucker	
1 TL Senf	und
1 EL Essig	verrühren. Alle Zutaten in einen Steintopf schichten und ziehen lassen.

105

Blumenkasten am Fenster

Rosengarten in Hadamar

Zwiebelfisch

Renate Fassbender aus Limburg-Linter

250 g Zwiebeln	in feine Streifen schneiden und in
20 g Margarine	dünsten.
600 g Fischfilet	säubern, salzen und mit dem
Saft 1 Zitrone	beträufeln.
6 EL Crème fraîche	mit etwas
Paprikapulver	mischen. Zwiebeln in eine Auflaufform geben, Fisch darauf legen und mit der Crème fraîche-Masse übergießen. Bei 175 °C etwa 25 Minuten backen.

Original Stahlstich

Gebackener Rotbarsch

Renate Fassbender aus Limburg-Linter

1 kg Rotbarschfilet	säubern, salzen und mit dem
Saft 1 Zitrone	beträufeln. Aus
1 Ei	
⅛ l Milch	
60 g Mehl	und
¼ TL Salz	einen Pfannkuchenteig herstellen und etwas quellen lassen. Dann die Filets eintauchen und in heißem
Fett	goldgelb backen.

Alter Stich von Limburg

Um 1600

107

Das Geheimnis der roten Inge

(halbgefrorenes Dessert)

Gisela Lieber aus Mensfelden

500 ml Sahne	halbsteif schlagen und mit
500 g Himbeeren (gefroren)	
2 – 4 cl Himbeergeist	und
200 g Baiser (grob gekrümelt)	abwechselnd in eine Glasschüssel füllen. Anschließend 2 Stunden in den Kühlschrank stellen.

Erdbeerverlockung

108

Petra Roth aus Niederbrechen

500 g Erdbeeren	waschen, putzen und halbieren.
2 Kiwi	schälen und in Stücke schneiden, beide Zutaten mischen, mit
75 g Zucker	bestreuen und etwa 15 Minuten ziehen lassen.
1 Pck. Vanillezucker	und
100 ml Sahne	
150 g Crème fraîche	
50 ml Mineralwasser	und
200 g Ziegenfrischkäse	mit dem Handrührgerät cremig rühren. Die Früchte und die Käsecreme in vier Dessertgläser schichten und mit
Zitronenmelisse	verziert servieren.

Das Herbachtal

Hessischer Apfeltraum

Heike Zimmermann aus Neesbach

200 g Löffelbiskuit oder Zwieback	zerbröseln und eine flache Auflaufform damit auslegen. Großzügig mit
Eierlikör	beträufeln.
500 g Apfelmus	darauf verteilen.
150 g Mascarpone	mit
200 g Sahnequark	
75 g Zucker	und
1 Pck. Vanillezucker	gut verrühren.
100 ml Sahne (geschlagen)	unterheben und auf dem Apfelmus verstreichen. Mindestens 2 Stunden (besser über Nacht) im Kühlschrank durchziehen lassen. Vor dem Servieren mit etwas
Zimt oder Kakao	bestäuben.

109

Weilburger Schloss

Das Bürgerhaus in Neesbach

Birnkraut

Von Margot Scholl

Birnkraut war ein Brotaufstrich, der in großen Mengen gekocht wurde. In einem großen Kessel wurden die Birnen weich gekocht und dann gekeltert. Der Saft wurde dann eine Zeit lang eingekocht. Dann gab man geschälte und in Stücke geschnittene Birnen oder Äpfel hinzu. Waren diese verkocht, begann das Rühren mit dem »Birnkrautmenger«, einem Holzlöffel mit einem langen Stiel. Beim Rühren musste man einen gewissen Abstand vom Kessel haben, denn die heiße Masse spritzte weit. Das Kochen und Rühren dauerte einige Stunden. Je länger gerührt wurde, umso zarter wurde das Birnkraut. Ab und zu wurde eine kleine Menge auf einen Unterteller zum Probieren gegeben.

Zu Nachbars Kinder, die zuschauten, sagte man: »Hol' zu Hause 'mal das Birnkrautleiterchen; wir müssen 'mal in den Kessel steigen, ob das Birnkraut schon gut ist.« Tatsächlich fiel ein Kind auf den Schwindel herein und kam mit einer kleinen Leiter an.

Die fertige Masse kam in große Steintöpfe (etwa drei Liter Inhalt). Im Laufe der Zeit wurde das Birnkraut jedoch so fest, dass es vor dem Gebrauch erneut kurz aufgekocht werden musste. Oder es wurden kleine Mengen mit Kaffee vermengt und verrührt, bis alles wieder streichfähig war.

Im Krieg und in der unmittelbaren Nachkriegszeit wurden auch Zuckerrüben zum Keltern verwendet. Wenn viele Zwetschgen anfielen, wurden auch diese im großen Kessel mit Zucker zu »Quetschekraut« verkocht.

Schmetterling auf der Blüte

Himbeertraum (für 8 Personen)

Waltraud Ludwig aus Brechen-Werschau

250 g Quark (Magerstufe)	
500 g Mascarpone	
200 g Zucker	
200 ml Sahne	Zutaten mit einem Schneebesen gut verrühren.
120 g Baiser	in Stücke brechen und in eine Auflaufform füllen.
400 g Himbeeren (gefroren)	darauf verteilen. Darüber dann die Quarkmasse geben.
100 g Mandelblättchen	in einer Pfanne mit etwas Zucker rösten und auf der Quarkmasse verteilen.

Damit die Himbeeren auftauen können, muss das Ganze noch 4 Stunden stehen. Man kann den Nachtisch auch gleich in einem Glas anrichten.

111

Der Galgenberg

Gefrorene Himbeeren

Quarkauflauf mit Obst

Irene Hies aus Dauborn

3 Eigelb	mit
125 g Zucker	schaumig rühren.
500 g Magerquark	mit dem
Saft 1 Zitrone	
60 g Grieß	und
1 TL Backpulver	verrühren.
3 Eiklar	zu Schnee schlagen, unterheben.
500 g Äpfel	fein schneiden, unterheben. Eine feuerfeste Form mit
Margarine	ausfetten. Den Teig hineingeben, mit
Butterflocken	bestreuen. Bei 175 °C etwa 75 Minuten backen.

Dauborn mit Kirche

Katzenminze im Bad Camberger Kräutergarten

Orpheus Traum

Monika Sakowski aus Niederbrechen

500 g Sahnequark	mit
2 Pck. Vanillezucker	und
200 ml Milch	verrühren, in eine Schüssel geben. Den Saft von
1 Glas Sauerkirschen (à 350 g)	abschütten und die Sauerkirschen über die Quarkmasse geben.
350 ml Eierlikör	auf den Sauerkirschen verteilen.
500 g Sahne	mit
2 Pck. Sahnesteif	steif schlagen, anschließend die Sahne über den Eierlikör geben und über Nacht ziehen lassen. Je nach Geschmack
200 g Schokomüsli	vor dem Servieren über die Masse geben.

113

Dickmilchpudding

Elsbeth Stautz aus Dauborn

500 g Dickmilch	mit
180 g Zucker	gut verrühren, etwas
Rumaroma	dazugeben.
2 Pck. Götterspeise (Himbeere)	in
300 ml Wasser	quellen lassen, dann erhitzen, aber nicht kochen. Etwas abkühlen lassen und mit der Dickmilch verrühren. In eine Schüssel füllen und über Nacht in den Kühlschrank stellen.

Dazu reicht man Vanillesoße.

Villmarer Marmorkreuze aus dem 17. bis 19. Jahrhundert

De Quetschebaam

Von Gertrud Preusser aus Dauborn

De Quetschebaam em Wissegrund
met seine schworze Est,
dä stieht em Wender straubschich do,
hot mettedrenn e Nest

Em Froijuhr bloit dä straubschich Baam
met de Schliege, »Woas en Proacht!«
Un drunner geele Bodderblum,
die Welt werd neu gemacht.

Huuch off de Spitz die Amsel sengt
ihr Frühlingsmelodie.
Des Rutkehle nom Nestche guckt,
Summ, summ! schwärme die Bie.

De Pankratz un die kalt Sophie,
däj hon em naut gedoo.
Drim wird dä Baam de Herbst enaus
vill soiße Quetsche troo.

De Sommer kommt, die Sunn scheint haaß,
de Baam e Schoaddehaus
fir Koi und Kelwer off de Wiss,
die Vielcher fläje aus.

Die Quetsche leuchte rutlich schunn.
Hei, off'm hixte Ast,
do glenze se fei lila bloo,
die Woarmische em Groas.

Herzförmige Pflaume

Zom Dawener Maat gibt's Quetscheplatz.
Hmm! Dä schmeckt saftisch-frisch.
De Wesbe fläje dimerim.
»Gäb oacht, sost kräjst'n Stich!«

Off'm Kännche Ladder, Weschmennche,
de Dachhooge em Koab,
su zäj eich en de Wissegrund
un doun die Quetsche oab.

Die speet Septembersunn scheint worm.
Altweibersommerfärm
Schimmern silwern-goldern iwwerm Gross
in iwwerm Quetschebaam.

115

Gleich droff die Quetsche engemoacht
en Rutwei, met den Kään.
De Rest em Kessel brotzelt brau,
Quetschebirnsaft werd doas wän.

E Loblied off den Quetschebaam!
Hee weeßt ohn Dung un Geft.
un treet su deck nur wäj e kann,
baal fengt e uu un schleeft.

Da wifft e all sei Bleerer oab,
de Herbstwend bleest enenn,
daham, do schmeckt des Quetschemus
de Grußе un de Kenn.

Biene auf Tagetes

Quetschenkraut (Quetschebirnsaft)

Von Heidi Wagner aus Dauborn

50 kg Zwetschen	entkernen und mit
15 kg Zucker	
½ l Weinessig	
½ l Wasser	über Nacht in einem emaillierten Kessel (kein Kupferkessel) stehen lassen, nicht rühren! Am nächsten Morgen Feuer anmachen und den Inhalt 6 Stunden leise kochen, ohne zu rühren. Danach noch einige Zeit unter ständigem Rühren weiterkochen lassen, dabei mit dem Birnsaftmenger fest auf dem Boden rühren. Wenn der Quetschebirnsaft schön glänzt, wird auf einem Tellerchen eine Probe entnommen, zeigt sich kein wässriger Rand mehr, ist es gar. Das Rezept kann beliebig verkleinert und auf dem Herd in einem großen Topf gekocht werden.

116

Zitronen-Wein-Creme

Irene Hies aus Dauborn

250 ml Weißwein	mit
200 g Zucker	
400 ml Wasser	
Saft 1 Zitrone	
3 Eier	
1 Pck. Vanillepudding	zum Kochen bringen, ständig rühren und dann erkalten lassen.
250 ml Sahne	steif schlagen und unter die abgekühlte Masse heben.

Dauborner Stiefmütterchen

Karthäuserklöße mit Zitronenschaumsoße

Gudrun Großmann aus Neesbach

6 Brötchen (vom Vortag)	Kruste abreiben und die Brötchen in 4 Teile schneiden.
4 Eier	mit
3 – 4 EL Zucker	
1 Pck. Vanillezucker	
½ – ¾ l Milch	verquirlen, die Brötchen darin einweichen und durchziehen lassen. Dann in etwas
Semmelmehl	wenden und in heißem
Öl	goldgelb backen, mit
Zucker und Zimt	bestreuen.

Die Zitronenschaumsoße

½ l Wasser (kalt)	
4 – 5 Eier	
2 Pck. Vanillesoßenpulver	
Saft von 2 – 3 Zitronen	
250 g Zucker	Zutaten in einen Topf geben, im Wasserbad, auf kleiner Flamme schaumig schlagen und zum Kochen bringen. Erkalten lassen, in eine Glasschüssel geben und zu den Karthäuserklößen reichen.

117

Karthäuser Klöße von Gudrun Großmann

Zwiebelkuchen ganz schnell und einfach

Hannelore Laschet aus Limburg-Linter

16 Scheiben Sandwich-Toast	mit
Butter	bestreichen und auf ein mit Backpapier ausgelegtes Blech legen.
400 g Scheibletten	auf den Toastscheiben verteilen.
500 g Schinkenspeck	und
5 große Zwiebeln	klein schneiden und mit
9 Eier	sowie
4 EL Semmelbrösel	vermengen und auf dem Toast verteilen. Etwa 30 bis 40 Minuten bei 160 °C backen.

Lahnbrücke bei Runkel

Winter auf dem Mensfelder Kopf

Berliner Brot

Gundela Prädanus aus Mensfelden

3 Eier	mit
3 EL Wasser (heiß)	schaumig rühren. Danach
300 g Zucker (fein)	dazugeben und cremig schlagen. Im Anschluss kommen
90 g Rübenkraut	
2 ml Rumaroma	
2 Msp. Nelkenpulver	
1½ EL Zimt	
100 g Bitterschokolade	
375 g Mehl	
1½ TL Backpulver	
125 g Mandeln (grob gehackt)	und
35 g Zitronat	dazu. Nun den Teig etwa ½ cm dick auf das Backblech streichen und bei 200 °C etwa 20 Minuten (bei Ober- und Unterhitze) backen. Zum Schluss den fertigen Lebkuchen mit einer Glasur aus
100 g Puderzucker	und etwas
Wasser	bestreichen. Den Lebkuchen in kleine Stücke schneiden und servieren.

119

Blick auf Mensfelden

Schmandkuchen mit Kirschen

Edith Muck aus Dauborn

200 g Margarine	mit
200 g Zucker	
4 Eier	
1 Pck. Vanillezucker	
250 g Mehl	und
½ Pck. Backpulver	zu einem Rührteig verarbeiten und in eine gefettete Grillpfanne geben. Etwa 25 Minuten bei 175 °C backen. Inzwischen aus
¾ l Milch	
2 Pck. Vanillepudding	und
150 g Zucker	einen Pudding kochen.
400 g Schmand	und
200 g saure Sahne	
2 Eier	unter den Pudding rühren. Die Puddingmasse auf dem heißen Kuchen verteilen.
2 Gläser Sauerkirschen (à 350 ml)	abtropfen lassen, darüber verteilen, den Kirschsaft zur Seite stellen. Nochmals bei 175 °C etwa 25 Minuten backen. Nach dem Abkühlen des Kuchens
2 Pck. Tortenguss	mit dem aufgefangenen Kirschsaft aufkochen und über den Kuchen geben.

120

Das Bürgerhaus in Linter

Lebkuchen vom Blech

Annemarie Wahler aus Limburg-Linter

150 g Butter	mit
250 g Puderzucker	
6 Eier	
3 EL Sahne	und
3 EL Honig	schaumig rühren. Mit
120 g Nüsse (gemahlen)	
150 Mandeln (gemahlen)	
120 g Mehl	
½ TL Zimt	
½ TL Lebkuchengewürz	und
1 Pck. Backpulver	vermischen, auf dem Blech verteilen und bei 175 °C etwa 30 Minuten backen.

121

Blick ins Aartal

Burg Runkel

Im »Backes«

Von Margot Scholl

Bis in die 1960er Jahre wurde meist der Sonntagskuchen beim Bäcker gebacken. Entweder ließ man den Teig vom Bäcker fertig machen und sorgte dann selbst für den Belag oder man machte den Kuchen zu Hause fertig und brachte die großen Bleche zum Backen ins »Backes«, ins Backhaus. An Feiertagen war es keine Seltenheit, dass pro Familie bis zu 30 Pfund Mehl verbacken wurden.

Bei Hefekuchen brachte man auch die entsprechende Menge Milch zum Bäcker, der dann die Hefestücke »einmachte«, das heißt, ansetzte. Wenn der Teig lange genug gegangen war, wurde man ins »Backes« gerufen. Daheim hatte man schon die »Krimmel« gemacht und auch alle Zutaten für die anderen Kuchen vorbereitet. Der Bäcker »weljerte« den Teig aus und legte ihn auf die Bleche. Vor dem Bestreuen musste der Teig »gefrischt« – mit Milch gepinselt – werden. Äpfel und Zwetschgen konnte man ohne zu »frischen« auf den Teig legen. In den »Krenge« kamen Zucker, Zimt, Rosinen und Butterflöckchen. Für den »Radonekuchen« kamen noch extra Fett und Eier in den Teig. Blieb noch ein Rest Teig übrig, wurde davon ein Zuckerkuchen gebacken, der meist noch am selben Tag verzehrt wurde.

Der Andrang beim vom Bäcker betriebenen »Backes« war vor Feiertagen so groß, dass oft Tag und Nacht durchgebacken wurde. Die anstrengenste Zeit für den Bäcker war der Herbst, wenn die Zwetschgen reif waren. Beim »Quetschekuche« lief soviel Saft in den Ofen, dass der Bäcker Mühe hatte, diesen wieder zu reinigen. Der »alte Bäcker Jung« in Linter, der Großvater des jetzigen Inhabers, soll einmal gedroht haben: »Ich hacke noch sämtliche Zwetschgenbäume in der ganzen Gemarkung ab.«

Gebacken wurde im »Backes« in der heutigen Mittelstraße im so genannten »Deutschen Ofen«. Dieser Ofentyp hat eine direkte Beheizung mit Holz, wobei das Feuer im Backraum des Ofens auf der Herdplatte brannte. Das darüber gemauerte Gewölbe gab nach dem Entfernen des Feuers und der Asche aus dem Backraum die Hitze an das eingeschobene

Das Butterfass

Brot ab. Die Anfangshitze betrug 300 bis 360 Grad Celsius. Die Bäckerei Jung verfügte seit 1878 ebenfalls über einen »Deutschen Ofen«.

In der Zeit von 1915 bis 1918 waren beide Bäckereien Linters, die Bäckerei Weil und die Bäckerei Jung wegen Einberufung der Männer geschlossen. Das Brot wurde damals mit Fuhrwerken von Limburg und sogar von Schadeck geholt.

Keiner der beiden Bäcker konnte allein von seiner Bäckerei leben; der Bäckerei war daher eine Landwirtschaft angegliedert. Man muss bedenken, dass die Bauern selbst das Mehl stellten und der Bäcker für seine Arbeit nur den »Backlohn«, der sich auf wenige Pfennige belief, erhielt. So wurde zum Beispiel erst 1972 die Landwirtschaft in der Bäckerei Jung eingestellt.

Alter Küchenherd

123

Hessenkrenge

Eva-Maria Meyer aus Limburg-Linter

1 kg Mehl	
½ l Milch (lauwarm)	
250 g Margarine (flüssig)	
250 g Zucker	
2 Pck. Trockenhefe	und
2 TL Salz	sowie nach Belieben
1 – 2 Eier	zu einem Hefeteig verarbeiten. Diesen Teig bis zu doppelter Größe gehen lassen. Jetzt wird der Teig noch einmal geknetet und etwa 1 cm dick ausgerollt. Auf diese Teigfläche
Zucker, Zimt	und
Rosinen	streuen. Alles zu einer Rolle aufrollen und wie ein großes Hörnchen aufs Backblech legen. Im Backofen 15 Minuten bei 50 °C vorgehen lassen. Bei 160 °C (Umluft, auf Einschubhöhe 2) etwa 40 Minuten backen.

> *Alle Zutaten sollen Zimmertemperatur haben. Die Menge reicht für zwei kleine oder einen großen Krengen.*

124

Schloss in Hadamar

Für die Nachzucht sorgte im Ort der »Gemaabulle«

Hefewaffeln

Marie-Luise Jung aus Dauborn

15 g Hefe	mit
1 – 2 EL Zucker	vermischen und in
½ l Milch	auflösen. Mit
350 g Mehl	wird ein steifer Vorteig gerührt. Der Teig muss nun gehen. Dann kommen
2 – 3 EL Butter (zerlassen)	etwas
Zitronenschale	und
2 Eier	hinzu. Alles zu einem dickflüssigen Teig verarbeiten. Die Waffeln werden in dem mit
Öl	ausgestrichenen Waffeleisen gebacken und vor dem Verzehr mit
Zucker und Zimt	bestreut.

125

Umzug der Dauborner Landfrauen

Johannisbeeren

Gewürzkuchen *(für eine Kastenform, 22 cm lang)*

Sieglinde Viehmann aus Neesbach

125 g Margarine	mit
150 g Zucker	schaumig rühren. Unter ständigem Rühren
½ TL Zitronenschale (abgerieben)	
50 g Marzipanrohmasse	sowie nach und nach
3 Eier	zufügen. Nun
150 g Mehl	
1 geh. EL Speisestärke	und
1 TL Backpulver	mischen und unterrühren. Dann
je 1 TL Ingwer, Zimt, Kardamom	unter den Teig rühren.
150 g Äpfel	in 1 cm große Würfel schneiden und mit
1 TL Zitronensaft	beträufeln. Ebenfalls unter den Teig ziehen. In eine gefettete Kastenform füllen und etwa 40 bis 45 Minuten bei 175 °C backen.

126

Blick vom Mensfelder Kopf

Kirche Villmar

Zwiebel-Kräuter-Brot

Hannelore Laschet aus Limburg-Linter

600 g Mehl	mit
1 TL Salz	
2 Pck. Trockenhefe	
300 g Milch	
200 g Kräuter-Schmelzkäse	zu einem Hefeteig verarbeiten, etwas gehen lassen. Dann zu einem Dreieck ausrollen.
125 g Butter	mit
2 Pck. Zwiebelsuppe	schaumig rühren. Die Masse auf dem Teig verteilen und von der Spitze her aufrollen. Die Rolle in 2 Hälften teilen. Bei 180 °C etwa 25 Minuten backen.

127

Nusskuchen

Lydia Wies aus Neesbach

250 g Butter	mit
300 g Zucker	
200 g Blockschokolade (zerkleinert)	
200 g Nussmischung	
175 g Mehl	
1 TL Zimt	
1 TL Backpulver	zu einem Rührteig verarbeiten.
6 Eier	trennen, das Eiklar zu Schnee schlagen und am Schluss unterheben. Die Masse auf ein Blech streichen und etwa 60 bis 75 Minuten bei 160 °C backen

Ausstellung bei Jubiläumsfeierlichkeiten

Rhabarberkuchen mit Crème fraîche-Guss

Rita Schumacher aus Mensfelden

250 g Butter	mit
250 g Zucker	
250 g Mehl	
2 TL Backpulver	
1 Prise Salz	
1 Pck. Vanillezucker	und
4 Eier	zu einem Rührteig verarbeiten.
600 g Rhabarber	waschen, in kleine Stücke schneiden und auf dem Teig verteilen. Bei 170 bis 200 °C etwa 30 Minuten backen.

128

Der Guss

2 Pck. Vanillepudding	
80 g Zucker	sowie
700 ml Milch	zu einem Pudding verkochen. In den noch lauwarmen Pudding
600 g Crème fraîche	einrühren. Nach 30 Minuten Backzeit den Guss auf den Teig geben und nochmals 15 bis 20 Minuten backen.

Erstes Gün am Karolienplatz in Heringen

After Eight-Kuchen

Ottilie Rosbach aus Niederbrechen

80 g Butter	mit
80 g Zucker	
5 Eigelb	
1 Pck. Vanillezucker	
200 g Nüsse oder Mandeln (gemahlen)	
1 Pck. Backpulver	
100 g Kuvertüre (gerieben)	
2 cl Eierlikör	
2 cl Rum	zu einem Teig verarbeiten.
5 Eiklar	zu Schnee schlagen und unterheben. Bei 175 °C etwa 60 Minuten backen und abkühlen lassen.
300 g After Eight	in
400 ml Sahne	auflösen. Am besten über Nacht abkühlen lassen. Dann mit
1 Pck. Sahnesteif	steif schlagen und auf den Boden geben.

> *Sie können auch jeweils 100 g Nüsse und Mandeln verwenden.*

129

Ausblick von Ohren ins Limburger Becken

Die Klosterkirche in Gnadenthal

Das Mensfelder Kornweibchen

Eine Episode aus dem Heimatbuch für den Kreis Limburg von Lehrer A. Leukel aus Mensfelden

Heinrich Völker von Mensfelden war ein kecker Bauernbub. Er wusste wohl, dass man vor der Heumachzeit nicht in die Wiesen geht, tat es aber doch! Er wusste auch, dass man einen Halm für eine Kornpfeife nicht aus der Mitte des Ackers holt. Aber er kümmerte sich nicht darum! Eines Tages erlebte er auf dem Wege nach Nauheim etwas Seltsames:

Wieder hielt er Ausschau nach einem schönen Kornhalm, aus welchem er eine Kornpfeife machen wollte. An einem Kornfeld angekommen, sprang er mit einem Satz über den Graben, um sich einen Halm zu holen. Die Halme am Rande des Feldes waren ihm alle nicht gut genug. Also ging er mitten in den Acker hinein und zertrat die Halme rechts und links! Soeben streckte er die Hand nach einem ganz wundervollen Halm aus, da stand auf einmal ein winzig kleines Weiblein vor ihm. Es trug einen himmelblauen Rock und eine rote Jacke, wie sie die alten Frauen tragen, auf dem Kopfe aber ein weißes Kopftuch. Ihr Gesicht war voller Runzeln.

»Ei, Heinrich«, sagte das Weiblein, »willst du Kornpfeifen machen?«
Heinrich nickte. »Komm mit mir, ich zeige dir die besten Halme!«, sagte es und lachte dabei.

Heinrich war erst ein bisschen erschrocken. Als er aber das Weiblein so reden hörte, da lief er gern hinterdrein. Das ging immer mitten durch die Halme, dass es nur so rauschte. Auf einmal fielen die Blicke Heinrichs auf die Füße des flinken Weibleins, das immer vor ihm herlief. Ei, die Füße waren ja zwei kleine, blaue Flämmchen! Da kam ein großer Schrecken über den Buben. Er dachte, nur schnell fort von dem Weiblein, das meint es gewiss nicht gut mit dir! Er wandte sich um, lief vier Schritte, stolperte über einen Grenzstein, den er im hohen Korn nicht gesehen hatte, und fiel längelang zur Erde. Erst schrie er vor Schrecken, dann aber vor Schmerz, denn auf seinen Rücken prasselten Schläge nieder, wie er sie bis dahin noch nie zu spüren bekommen hatte. Als er sich endlich aufraffte,

Blühendes Gras

war weit und breit kein Mensch zu sehen. Der Himmel war schön blau, und die Lerchen sangen.

Hätte Heinrich nicht die Striemen auf seinem Buckel greifen können, er hätte an einen Traum geglaubt. Er schlich sich durch das Korn auf die Straße und wollte eben den Graben überspringen, als er auf einmal ein feines Lachen hörte. Sieh, da saß das kleine Weiblein im Straßengraben, lachte wie toll und rief: »Gelt Büblein, bös Büblein, jetzt gehst du in kein Kornfeld mehr und zertrittst die schöne Brotfrucht! Büblein, bös Büblein, jetzt kennst du auch das Kornweibchen!« Dann lachte das Weiblein noch einmal aus vollem Hals, und an der Stelle, wo es gewesen, flackerte ein blaues Flämmchen auf.

Lebkuchen mit Apfelmus

Elisabeth Eckert aus Dauborn

131

150 g Margarine
200 g Zucker
3 Eier
¾ TL Salz
1½ TL Zimt
¾ TL Nelken
350 g Apfelmus
125 g Rosinen
100 g Nüsse (gehackt)
100 g Zitronat
1½ TL Backpulver
300 g Mehl zu einem Rührteig verarbeiten und in eine gefettete Grillpfanne geben. Etwa 25 Minuten bei 175 °C backen. Etwas abkühlen lassen, dann in Rhomben (Rauten) schneiden. Einen Guss bereiten, dafür

200 g Puderzucker mit etwas
Rum anrühren und den Lebkuchen damit bestreichen.

Ginsterblühte am Mensfelder Kopf

Rumbombe

Hilde Becker aus Dauborn

6 Eier	
300 g Zucker	und
6 EL Wasser	etwa 10 Minuten schaumig rühren. Dann
300 g Mehl	mit
1 TL Backpulver	unterheben und einen Biskuitteig herstellen. Bei 200 °C etwa 30 bis 45 Minuten backen. Ist der Teig ausgekühlt, wird ein Drittel als Boden verwendet und die übrigen zwei Drittel werden in Würfel geschnitten.

Die Füllung

250 ml Milch	
175 g Zucker	
2 Eier	
1 Pck. Vanillezucker	
30 g Butter	Zutaten vermischen und zum Kochen bringen, 1 Minute kochen und vollständig auskühlen lassen.
250 g Butter	schaumig rühren. Die erkaltete Masse mit
6 – 8 EL Rum (54%ig)	darunter heben. Dann die Biskuitwürfel unter die Masse mischen. Nun wird alles auf dem Biskuitboden kuppelförmig verteilt und mit
Schokoguss	überzogen. Gut durchkühlen lassen.

Die Gemarkung »Rote Erde«, deutlich sieht man die Rotfärbung des Ackergrundes durch den Eisenanteil in der Erde.

Die Burganlage in Kirberg

132

Straßburger Nusstorte

Elisabeth Eckert aus Dauborn

200 g Butter	mit
200 g Zucker	schaumig rühren und
8 Eier	dazugeben.
200 g Walnüsse (gemahlen)	und
200 g Blockschokolade (gerieben)	unterheben. Anschließend
200 g Mehl	mit
1 Pck. Backpulver	mischen und unter den Teig heben. In eine gefettete Springform füllen. Bei 170 °C etwa 50 Minuten backen. Mit
Zucker- oder Schokoladenguss	bestreichen.

Törtchen aus Dauborn

Dauborner Handarbeiten

Saftiger Obstkuchen

Helene Wick aus Dauborn

250 g Mehl	mit
1 TL Backpulver	
75 g Zucker	
1 Prise Salz	
1 Ei	
125 g Margarine	zu einem Mürbeteig verarbeiten und eine Springform damit auslegen. Den Rand hoch drücken.
1 große Dose Pfirsiche oder Birnen (à 850 ml)	abtropfen lassen, Früchte in dünne Spalten schneiden und auf dem Teig verteilen, den Saft auffangen. Aus etwa 500 ml des Fruchtsaftes mit
1 Pck. Vanillepuddingpulver	einen Pudding kochen und über das Obst geben. Rund 35 Minuten bei etwa 190 °C backen.

134

Der Rahmguss

3 Eiklar	mit
75 g Zucker	zu einem steifen Schnee schlagen.
3 Eigelb	mit
200 g Schmand	cremig rühren. Beide Massen mischen, über den Kuchen geben und weitere 25 Minuten backen.

Reife Trauben in Dauborn

Walderdorffer Hof

Bratapfelkuchen

Karin Kramkowski aus Brechen-Werschau

250 g Mehl	mit
2 TL Backpulver	
125 g Margarine	
125 g Zucker	
1 Ei	zu einem Knetteig verarbeiten und diesen in eine runde, gefettete Backform geben.
6 – 8 Äpfel	mit einem Ausstecher entkernen und auf den Teig stellen. Die Äpfel werden im Ganzen auf den Teig gestellt (jedoch ohne Kerngehäuse). Aus
600 ml Sahne	
1 Pck. Vanillezucker	
75 g Zucker	
1 Pck. Vanillepudding	und
1 EL Speisestärke	einen Pudding kochen und auf die Äpfel geben. Bei 180 °C etwa 60 Minuten backen.

135

Pampasgras

Frühlingswiese

Käsekuchen

Monika Sakowski aus Niederbrechen

1 Ei	mit
65 g Margarine	
65 g Zucker	
200 g Mehl	und
1 TL Backpulver	zu einem Teig verarbeiten und den Boden einer Springform damit ausfüllen.
1 kg Schichtkäse	
250 g Zucker	
7 Eier	
250 g Margarine	
1 Pck. Vanillepudding	sowie
1 Pck. Vanillesoße	miteinander verrühren, auf den Teig geben und bei 175 °C etwa 1½ Stunden backen.

136

Schwarzer Hahn in der Rassegeflügelzuchtanlage Linter

Altstadt Limburg, Bäckerei Hensler

Apfeltaschen-Plätzchen

Hannelore Laschet aus Limburg-Linter

250 g Mehl
250 g Quark
250 g Margarine   zusammen mischen und ruhen lassen. Den Teig dann etwa 4 bis 5 mal ausrollen und zusammenfalten (wie bei einem Blätterteig). Immer wieder ruhen lassen, ausrollen und falten. Nun ausrollen und in Vierecke schneiden. In die Mitte etwas

Apfelkompott
oder -marmelade   geben, dann zu Dreiecken zusammenklappen und bei 180 °C etwa 15 Minuten backen. Zum Schluss mit

Zuckerguss   bestreichen.

137

Rosenblüte

Basalt im Limburger Land

Branntweinplätzchen

Heidi Wagner aus Dauborn

500 g Mehl	mit
200 g Puderzucker	
250 g Butter	
200 ml Dauborner Doppelkorn	verkneten, ausrollen und ausrädeln. Mit
1 Eigelb	bestreichen.
Zucker und Zimt	mischen, darüber streuen und hellgelb backen.

Limburger Dom

Ändedank en Gnadenthal

Von Gertrud Preusser

Tal der Gnaden – Gnadenthal – vallis gratiae!
Fromme Nonne hon's erschaffe
en däre goure Ää.
Em Häbst, do hon se Korn geseet,
wäi heut, fiä's teeglich Bruut,
fiä jeden Doog gedankt, gebeet,
soll nimand leire Nuut.
En all dä Hast un Urou heut
giit des Wischdieschst baal fegässe:
Wu's Bruut häkimt un Milsch un Wek,
den Trenke un des Ässe.
Wann sisch aach fill geennät hot
en de Fegangenheit,
su ess gebliwwe Saat und Änt
un bleibt fiä alle Zeit.
Drim soon miä Dank uum Ändefest
e male Klustä do
un beere fiä dem, dem's nit gout giit,
wäi's die Zisterzienserinne gedoo.

139

*Gertrud Preusser
bei einem Vortrag in Mundart*

Tangoschnittchen

Irmgard Schmidt aus Mensfelden

400 g Pflanzenfett	und
400 g Blockschokolade	zusammen im Wasserbad oder in der Mikrowelle dünn werden lassen und
400 g Puderzucker (gesiebt)	unterrühren.
5 Eier	nach und nach einzeln unterrühren. Kalt werden lassen und dabei regelmäßig umrühren. Anschließend dann auf
Oblaten (2 x 10 Stck., eckig)	streichen. Nach dem Erkalten in Rauten schneiden.

Mandelbrot

Gisela Lieber aus Mensfelden

140

120 g Butter	mit
300 g Zucker	
4 Eier	
200 g Mandeln	
125 g Schokolade	
50 g Zitronat	
50 g Orangeat	
je 1 Msp. Zimt, Nelken, Kardamom	
500 g Mehl	zu einem Teig verkneten. 4 kleine Rollen formen, auf ein Backblech geben und über Nacht ruhen lassen. Bei 180 °C in etwa 20 bis 30 Minuten backen. Mit einem Guss aus
Puderzucker	und etwas
Wasser	überstreichen und noch heiß in Scheiben schneiden.

Ährenfeld in Dauborn

Hägenmakronen

Hannelore Binder aus Neesbach

4 Eiklar	zu sehr steifem Schnee schlagen und mit
300 g Puderzucker	sowie der Schale und dem Saft von
¼ Zitrone	schaumig verrühren. Die Hälfte der Masse für den Guss zur Seite stellen. Unter die restliche Masse
2 EL dickes Hägenmark (Hagebuttenmark)	und
400 – 450 g Mandeln (gemahlen)	geben. Mit 2 Kaffeelöffeln längliche Makronen formen und auf ein gut gefettetes Blech setzen. In die Mitte der Länge nach eine kleine Vertiefung drücken, diese mit dem Guss ausfüllen. Die Makronen abtrocknen lassen und bei 160 bis 180 °C etwa 20 bis 25 Minuten backen.

141

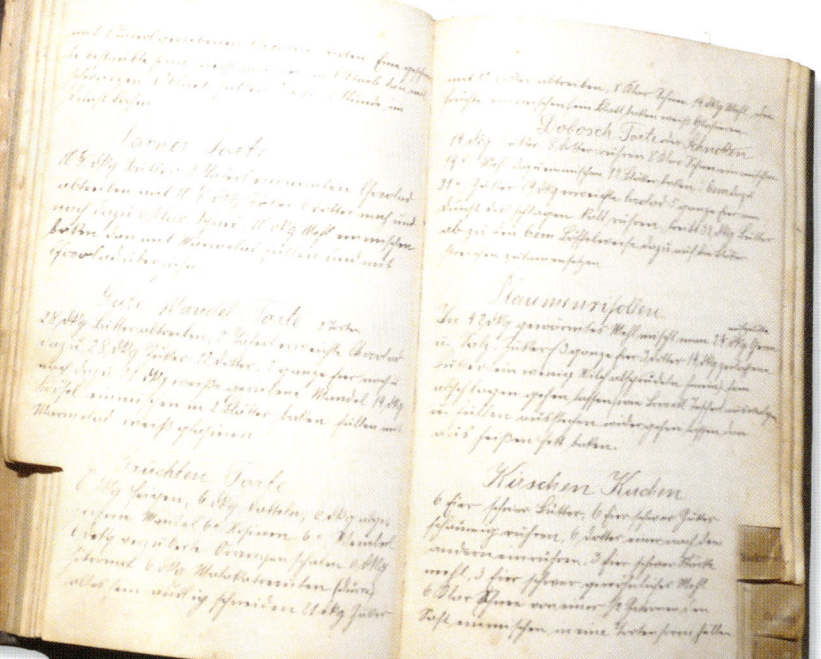

Alte Kochbücher – zum Teil handgeschrieben

Brücke in Hadamar

Herrentorte

Eva-Maria Meyer aus Limburg-Linter

3 Eier	trennen, Eiklar steif schlagen und zur Seite stellen. Die Eigelbe mit
100 g Margarine	und
100 g Zucker	schaumig rühren. Aus dem Eischnee und
75 g Kakao	
150 g Nüsse (gemahlen)	
1 TL Backpulver	
1 Prise Salz	einen Teig herstellen und in einer runden Springform (26 cm) bei 160 °C etwa 25 Minuten backen. Nach dem Abkühlen auf dem Kuchen
200 g Preiselbeeren	verteilen.
250 ml Sahne	steif schlagen und darüber streichen. Zum Schluss mit
Schokoladenstreuseln (Zartbitter)	bestreuen.

142

Bei doppelter Menge kann man den Kuchen durchschneiden und in der Mitte mit Preiselbeeren belegen, dann benötigt man eine etwas längere Backzeit.

Kirschenblüte

Dornfelder Kirsch-Kuchen

Zugegeben, es ist eine etwas andere Zusammenstellung der Zutaten, aber der herbe Geschmack der Schokolade, die Frische der Kirschen und der kräftige Dornfelder-Geschmack, abgerundet mit der nur leicht süßen Sahne, ergänzen sich hier prima. Probieren Sie es aus!

Luzie Kessler aus Limburg-Linter, überreicht vom Weingut Walter

180 g Weizenmehl	mit
1 TL Backpulver	
80 g Zucker	
1 Pck. Vanillezucker	
1 Prise Salz, 1 Ei	
80 g Butter	zu einem Knetteig verarbeiten. Zwei Drittel des Teiges auf einer gefetteten Springform (26 cm) ausrollen. Den übrigen Teig zu einer Rolle formen, als Rand auf den Boden legen und so an die Form drücken, dass ein 3 cm hoher Rand entsteht.

143

Die Füllung

1 Glas Sauerkirschen (350 g Abtropfgewicht)	gut abtropfen lassen. Aus 250 ml des Kirschsaftes und
2 Pck. Puddingpulver (Schokolade)	
500 ml Dornfelder Rotwein	sowie
200 g Zucker	einen Pudding kochen. Die Kirschen unterheben, die Füllung auf dem Boden verteilen und bei 180 °C (oder 160 °C Umluft) etwa 50 Minuten backen. Kuchen in der Form auf einem Kuchenrost über Nacht auskühlen lassen und anschließend aus der Form lösen.

Der Belag

500 ml Sahne	mit
1 TL Zucker	
1 Pck. Sahnesteif	steif schlagen, mit dem Spritzbeutel Tuffs auf den Kuchen spritzen. Vor dem Servieren mit
½ TL Zimt	bestäuben.

Der Straußennachwuchs

Wissenwertes über die Dauborner Landfrauen

Am 25. März 1976 wurde der Landfrauenverein gegründet. Dauborn hatte eine eigene Festtags- und Kirchentracht in der Zeit des Herzogtums Nassau. Nach original alten Stücken fertigten die Dauborner Landfrauen 1978 unsere heutige Tracht an, die bei festlichen Anlässen noch getragen wird. So konnten die Landfrauen Dauborn sich landesweit präsentieren, zum Beispiel beim Hessentags-Festzug oder mit dem Landkreis Limburg-Weilburg zur Touristen-Werbung und dabei den Dauborner Kornbranntwein ausschenken.

Die Dauborner Landfrauen bieten musische, kulturelle und kreative Betätigung, und versuchen alte Traditionen und Mundart zu erhalten. Beim Erntedankfest wird der Altar geschmückt und zum Gottesdienst wird die Tracht getragen. Bei Festumzügen und Jubiläen beteiligen sich die Landfrauen gerne und erhalten so die alte Handwerkskunst und Tradition.

144

Des Dawener Landfrauenlied

Guten Tag ihr Leut! Ihr freet, wä mir sen?
Mir stelle us vier: lauter Dawener Kenn.
Dawern leit uum Wörsbach, doeß gout sei,
häj brennt mer de Dawener Branndewei.

Jetzt weßt ihrsch rundim, mir grüße euch froh
un hon usdeswe su fei uugedoo.
Doas es usser Trocht wäj vier hunnert Juhr,
su stann mer domals verliebt unnerm Dur.

Landfrauenverein, wir Frauen vom Land,
geborgen sind wir im Weltfrauenverband.
Wir wirken und werken tagaus, tagein,
dass friede auf unserer Erde soll sein.

Dauborner Landfrauen bei der Arbeit

Kuchen mit Kirsch-Vanille-Schmand-Sahne

Barbara Hofmann aus Heringen

1 Biskuitteig	nach dem Rezept auf Seite 132 (Biskuitteig für Rumbombe) zubereiten.
1 Glas Sauerkirschen (350 g Abtropfgewicht)	mit
1 Pck. Vanillepudding	andicken, etwas abkühlen lassen, Tortenring um den Boden stellen und die Kirschen darauf verteilen.
2 Pck. Puddingpulver Vanille	ohne Kochen in
400 ml Sahne	einrühren und mit dem Mixer aufschlagen. Anschließend
400 g Schmand	unterheben. Die Masse auf den Kirschen verteilen und im Kühlschrank gut durchkühlen lassen. Vor dem Verzehr mit
Schokoraspeln	bestreuen.

145

Kirchendekoration zum Erntedankfest

Das Feuerwehrgerätehaus in Heringen

Mocca-Joghurt-Torte

Hedi Hohlwein aus Mensfelden

2 Eier	mit
2 EL Wasser (heiß)	cremig schlagen.
80 g Zucker	mit
70 g Mehl	
2 EL Kakao	
1 TL Backpulver	mischen und unterrühren. Bei 200 °C in etwa 20 Minuten einen dünnen Biskuit backen.

Der Belag

450 g Mocca-Joghurt	mit
150 g Puderzucker	verschlagen.
8 Blatt Gelatine (weiß)	in kaltem Wasser auflösen, leicht erwärmen und unter die Masse rühren.
400 ml Sahne	steif schlagen und ebenfalls unterrühren. Einen Tortenring um den Boden legen und die Masse darauf verteilen. In den Kühlschrank stellen, bis die Masse fest ist.

Der Guss

100 g Zartbitter-Schokolade	und
50 g Vollmilch-Schokolade	in
200 ml heißer Milch	auflösen.
2 Blatt Gelatine (weiß)	in kaltem Wasser auflösen und unterrühren. Auf die Mocca-Masse verteilen.

146

Schiffstunnel bei Weilburg

Zebratorte

Gertrud Preusser aus Dauborn

100 g Vollmilch-Schokolade	und
200 g Zartbitter-Schokolade	hacken, in
750 ml Sahne	erhitzen und die Schokolade unter Rühren darin schmelzen. Über Nacht kalt stellen.
6 Eier	trennen und das Eiklar mit
175 g Zucker	steif schlagen, zur Seite stellen.
⅛ l Wasser	mit dem Eigelb und
175 g Zucker	schaumig rühren.
375 g Mehl	mit
1 Pck. Backpulver	und
125 ml Öl	unterrühren. Nun den Eischnee dazugeben. Den Teig halbieren, eine Hälfte mit
2 EL Kakao	verrühren. Abwechselnd den hellen und den dunklen Teig löffelweise und genau in die Mitte der Form füllen, dabei fließt der Teig auseinander und ein Zebramuster entsteht. Bei 150 °C Heißluft etwa 60 Minuten backen. Den kalten Kuchen zweimal teilen und mit der geschlagenen Schokosahne füllen und bestreichen. Abschließend mit
Schokoraspeln	verzieren.

Ruhepause auf der Landesgartenschau in Bingen

Die 300-jährige Geschichte
der Kornbrennerei Gerhard Wagner

Der Duft von Dauborner Korn erinnert an reife, wogende Kornfelder an einem schönen Sommertag. Wenn man in einem alten Lexikon blättert, findet man unter dem Stichwort »Kornbranntwein« drei Ortsnamen, die im alten Deutschen Reich repräsentativ waren für die Herstellung von Kornbranntwein in größeren Mengen: Steinhagen, Nordhausen und Dauborn. Sie waren noch im vorigen Jahrhundert die bekanntesten Kornbranntweine in Deutschland.

Die Kornbrennerei Gerhard Wagner ist die älteste Kornbranntwein-Brennerei in Dauborn. Sie ist in der elften Generation im Familienbesitz und besteht seit 1700 – immer unter dem Namen Wagner. Das geht aus Originalen des Hauptstaatsarchivs Wiesbaden hervor.

Doch nun zur Geschichte: Im Jahre 1655 hatte der Stadthalter Freiherr von Hohenfeld der Grafschaft Nassau-Oranien-Diez versucht, die Einkünfte des Hofes durch die Errichtung einer Brennerei zu verbessern. In Meister Engel Gerardt aus der Herrschaft Vettelhofen bei Bonn fand er einen geeigneten Mann. Dieser beschaffte ihm 1655 den ersten Brennkessel aus Holland. Am 21. März 1656 begann Meister Gerardt, damit einen Kornbranntwein herzustellen. Offenbar muss die Branntweinherstellung dem Gnadenthaler Hof gute Einkünfte gebracht haben, was die benachbarten Dauborner nicht ruhen ließ. Es gelang ihnen, in den Besitz von Brennrechten zu kommen, die ihnen einen Verdienstzuwachs erbrachten und auch die Möglichkeit, ihre Schulden zu bezahlen.

Im Jahre 1700 gab es im Kirchspiel Dauborn vier Brenner, einen in Gnadenthal und drei in Dauborn und Eufingen. Einer davon war unser Vorfahr Johann Wilhelm Wagner, der am 6. November 1700 angefangen hat, Branntwein zu brennen. 1750 gab es schon 24 Branntweinbrenner, die im ganzen Jahr 12 Gulden Steuer zahlten und meist das ganze Jahr hindurch brannten. Da immer mehr Betriebe die Erlaubnis zum Brennen einholten, wurde ihnen die Auflage gemacht, nur ausländisches Getreide zu verwenden. Es ist also anzunehmen, dass es im Nassau-

Bestelltes Feld in Dauborn

ischen zu Engpässen in der Getreideversorgung gekommen war, so dass man eine Erweiterung der Brennerei auf Getreidebasis untersagte. Die Beschaffung aus dem Ausland war jedoch sehr leicht, da die Nachbarorte Werschau, Ober- und Nieder- brechen und Niederselters in dem Gebiet des Erzbistums Trier im Ausland lagen. 1834 gab es in Dauborn, Eufingen und Gnadenthal bereits 73 Kornbrennereien, man nannte sie »Fruchtbranntweinbrennereien«, die jährlich an die 1200 Ohm (180 000 Liter) Branntwein lieferten.

Blütezeiten des Branntweins gab es um die Jahrhundertwende. So gab es im Jahre 1900 bei 1100 Einwohnern etwa 90 Brennereien. Dadurch hatte Dauborn ein eigenes Zollamt mit einem Zollvorsteher und einem Mitarbeiter. Die erlaubte Alkoholmenge war behördlich festgelegt und richtete sich nach der Größe des

149

Dauborner Kornbrennerei Wagner

Blick auf die Lahn

landwirtschaftlichen Betriebes. Das Brennrecht schwankte zwischen 25 und 40 Hektoliter reinem Alkohol pro Betrieb und Jahr. Wenn man bedenkt, dass ein Hektoliter reiner Alkohol 300 Liter 32-prozentigen Branntwein ergibt, so wurde um die Jahrhundertwende in Dauborn fast eine Million Liter Branntwein jährlich hergestellt. Das Absatzgebiet erstreckte sich bis in den Taunus und in den Westerwald. Der Branntwein wurde meist in Fässern vermarktet, die auf einen leichten Kastenwagen mit Halbverdeck und Doppelgespann verladen waren. Morgens zwischen 4 und 5 Uhr wurde eingespannt, abends gegen 22 oder 23 Uhr kehrte man von der Fahrt zurück. Ein altes Bild zeigt Richard Wagner als kleinen Jungen auf dem Branntweinwagen vor dem Gasthaus Sturm auf dem großen Feldberg. Für die Kinder war es ein Erlebnis, eine so große Reise anzutreten.

In Gnadenthal gab es vier Brennereien, eine davon wurde von Johann Georg August Wagner betrieben, der in Gnadenthal eine höchst ehrende Rolle spielte und Landwirt und Branntweinbrenner war.

Große Veränderungen verursachte das Branntweinmonopolgesetz, das nach dem Ersten Weltkrieg erlassen wurde. Die Brennereien wurden in Verschlussbrennereien umgewandelt. Die Bezeichnung Verschlussbrennerei erklärt sich aus den staatlichen Zollkontrollen: An allen Einrichtungen vom Brennkessel bis zum Sammelgefäß oder bis zur Messuhr wurden sämtliche Verschraubungen, an denen alkoholführende Substanzen abgezweigt werden konnten, mit Plomben gesichert. Noch heute sind in der Brennerei rund 70 Plomben.

Da in Gnadenthal die Wohnverhältnisse doch sehr beengt waren und die eigenen Ländereien in Dauborn lagen, entschloss sich Reinhard August Wagner nach Dauborn umzusiedeln. Er kaufte ein Anwesen und zog mit seiner Familie 1914 nach Dauborn in die Neuherbergstraße, jetzt Neesbacher Straße. Das ganze Gehöft war sehr großzügig gebaut, nach dem Baustil dieser Zeit. Die Brennerei befand sich in einem separaten Gebäude, großzügig und praktisch und nicht neben der Küche, wie es in anderen Bauernhöfen üblich war. Das Brennereigebäude und die Lagerkeller werden bis heute noch so genutzt. 1924 wurde ein neuer Brennkessel angeschafft mit einer Kolonne und mehreren Aufkochböden und darüber befindlichen

Spätsommer

Kondensatoren, wo in einem Brennvorgang trinkfertiger Branntwein hergestellt wurde.

Doch die Monopolabgabe führte zu einer Vervielfachung der bisherigen Steuer. Wurde früher die Steuer nach der Größe des in einem Betrieb vorhandenen Bottich bemessen, so wurde nach der Umwandlung der Brennereien in Verschlussbrennereien der Trinkbranntwein in einem gemauerten Sammelgefäß zusammen geführt, dessen Tür zollamtlich verplombt war. Erst bei Freigabe wurden Menge und Stärke des Alkohols berechnet und danach die Steuer festgesetzt.

1932 übergab Reinhard August Wagner den landwirtschaftlichen Betrieb und die Brennerei an seinen Sohn Richard Wagner, der 1936 eine Messuhr anschaffte. Das hatte zum Vorteil, dass man das Sammelgefäß nicht mehr brauchte und für den erzeugten Branntwein in einem bestimmten Zeitraum anhand der Angaben der Messuhr die Steuer berechnet und festgesetzt wurde. 1970 übergab Richard Wagner den landwirtschaftlichen Betrieb und die Brennerei an seinen zweitältesten Sohn Gerhard Wagner. Da die Anlagen der Brennerei veraltet waren, kam es zu einigen Reparaturen und Erneuerungen. Hinzu kam, dass die Trinkgewohnheiten sich änderten und mehr zum Wein- und Bierkonsum führten. Der Privatverkauf in Flaschen und in Steinkrügen nahm immer mehr zu und wurde ab sofort stärker ausgebaut.

151

Die Mehrzweckhalle in Dauborn

Am 17. Juni 1986 brannten die Scheune und ein Teil der Wirtschaftsgebäude ab. Dadurch kam es zu großen baulichen Veränderungen. Das Wohnhaus und die Brennereigebäude blieben jedoch erhalten. 1991 wurden der landwirtschaftliche Betrieb und die Brennerei von Gerhard Wagner an seinen Sohn Jörg Wagner übergeben, der die Brennerei heute noch betreibt. Die Destillationsgeräte haben sich mittlerweile erheblich verbessert und die alten Brenngeräte wurden nach und nach ausgetauscht, nur die Messuhr ist noch erhalten. 1993 wurde eine zweite Brennanlage erstellt, wo nur Rohbrand für die Deutsche Kornbranntwein Vermarktungsstelle erzeugt wird. Hierfür wurde auch ein neues Brennrecht erforderlich.

Dass jeder Korn seine individuelle Note hat, liegt vor allem an der Verschiedenheit der Destillate, an deren Mischung sowie an Art und Dauer der Lagerung. Die Herstellung erfolgt nach alter Rezeptur, die von Generation zu Generation weiter vererbt wird. Da der Privatverkauf heute eine große Rolle spielt, wurden 1997 die Schweineställe in einen Abfüllraum und einen Verkaufsraum umgebaut. Fruchtliköre und Kräuterschnäpse werden immer beliebter. Mittlerweile konnte das Sortiment auf über 30 Sorten Liköre und Schnäpse erweitert werden. Doch der klare Dauborner Korn erfreut sich immer noch großer Beliebtheit.

152

Blick auf die Lahn

Original Dauborner Brandweisopp

Variation 1

Heidi Wagner aus Dauborn

½ l Wasser	erwärmen und darin
500 g Kandis (braun)	auflösen und erkalten lassen. Mit
¾ l Dauborner Kornbranntwein	mischen.
1 Stück Lebkuchen	in feinste Würfel schneiden und dazugeben.

Variation 2

Inge Krebs aus Hünfelden-Mensfelden

153

250 g Lebkuchen (hart gebacken, vom Bäcker)	in kleine Würfel (4 x 4 mm) schneiden. Diese Würfel über Nacht in einer kleinen Schüssel mit
¼ l Kornbranntwein	einweichen. Aus
250 g Kandis (braun)	und
½ l Wasser	unter Erhitzen eine Lösung bereiten. Nach dem Abkühlen die Lösung mit
1 l Dauborner Korn	vermischen und bis zum Servieren kühl stellen.

Diese Suppe wurde früher und wird auch heute noch traditionsgemäß zu Silvester zubereitet. Sie wurde in eine Zinnschüssel gegeben und in die Mitte des Tisches gestellt. Auf den Rand der Schüssel wurden Esslöffel gelegt. Der Gastgeber sagte dann seiner Familie, Freunden und Nachbarn: »Nun scheppt emol!« Prost Neujahr!

Brockselsuppe

Erdbeerbowle

1 kg Erdbeeren	waschen und klein schneiden, mit
3 EL Zucker	vermischen und 1 Stunde ziehen lassen.
1 l Apfelwein	darüber gießen und ziehen lassen. Wenn die Gäste kommen, das Ganze mit
750 ml Sekt	auffüllen.

Statt Apfelwein kann man Erdbeerwein verwenden.

Holundersekt

Heidi Wagner aus Dauborn

154

7 l Wasser	mit
1 kg Zucker	sowie dem Saft von
2 Zitronen	
¼ l Weinessig	und
5 – 6 Dolden Holunderblüten	in einen Topf füllen, 1 Woche kühl stehen lassen und dann in Flaschen abfüllen.

Erdbeerblüte in Dauborn

Holunderblütenlikör »Sonnengold«

Luzie Kessler aus Limburg-Linter

35 g Ascorbinsäure (Apotheke)	in
1 l Mineralwasser	auflösen.
15 frische Holunderblütendolden	hineinlegen und 12 bis 15 Stunden ziehen lassen, gelegentlich umrühren, dann abseihen. Anschließend etwa
700 g Zucker	in die Flüssigkeit rühren, bis er sich aufgelöst hat. Die Flüssigkeit abmessen und zu gleichen Teilen mit
2 Flaschen Korn (38%ig, à 0,7 l)	auffüllen. In Flaschen füllen und noch 4 Monate im Keller ruhen lassen. Allmählich entwickelt sich in der Likörflasche ein zarter, goldgelber Glanz.

155

Blick auf Kirberg

Kühe gucken misstrauisch

Reformierter Tee

Gisela Wollmann aus Hünfelden-Nauheim

1 TL schwarzer Tee	mit
½ l Wasser (kochend)	überbrühen.
1 l Milch	nach Geschmack mit etwas
Akazienhonig	
Zimt	und
Vanille	würzen, zum Kochen bringen. Den Tee gießt man durch ein Sieb in die heiße Milch und rührt noch
3 – 4 Eigelb	darunter. Anschließend lässt man dann alles noch einmal aufkochen.

Man trinkt reformierten Tee zu Käse- oder Wurstbroten.

156

Seerose

Die Tischlerei im Heringer Heimatmuseum

Schwarzer Holunderbeerenlikör

Luzie Kessler aus Limburg-Linter

1 kg Holunderbeeren	
800 g Zucker	
750 ml Wasser	
1 Vanilleschote (längs aufgeschnitten)	Zutaten erhitzen.
1 Zitrone (unbehandelt)	in Scheiben schneiden, dazugeben, 20 Minuten kochen, abseihen und
¾ l Rum (54%ig)	zugeben. Den Likör in Flaschen füllen und 2 bis 3 Monate im Keller stehen lassen.

Eierlikör

157

Luzie Kessler aus Limburg-Linter

5 Eier	
250 g Puderzucker	
2 Pck. Vanillezucker	verrühren, dann
400 ml Milch (10%ig)	und etwas
Zitronensaft	dazugeben. Zuletzt je nach Geschmack
¼ l Weizenkorn (38%ig)	und
8 cl Rum (80%ig)	dazugeben.

Abangeln bei der Fischzucht Stähler

Abgenommen habe ich ja nicht,
seitdem ich Kalorien zähle, aber ich kann
jetzt viel besser rechnen.

Nauheimer Grüne Soße (für 6 bis 8 Portionen)

Gisela Wollmann aus Hünfelden-Nauheim

10 Eier	hart kochen, Eier trennen. Eigelb durch ein Sieb in eine Schüssel streichen, mit
2 EL Essig	und
¼ l Öl	verrühren. Mit etwas
Salz	und
Honig	abschmecken. Das Eiweiß fein hacken und in die Schüssel geben. Jetzt
10 EL Kräutermischung (gehackt)	hineingeben und alles zu einem Brei verrühren.

158

Dazu gibt es Pellkartoffeln.
Als Kräutermischung empfehlen wir Dill, Petersilie, Estragon,
Pimpinelle, Liebstöckel, Sauerampfer, Zitronenmelisse und Spinat.

Blick vom Mensfelder Kopf

Meerrettichsoße

Heidi Wagner aus Dauborn

2 – 3 Brötchen (vom Vortag)	klein würfeln, in
40 g Butter	anrösten, dann mit
¼ l Wasser	und
¼ l Fleischbrühe	aufgießen. Nun gut durchkochen lassen, dabei immer rühren.
2 – 3 EL Meerrettich (gerieben)	dazugeben, nicht mehr kochen und mit
Salz, Zucker	abschmecken.

Kochkäse

159

Christa Macht aus Limburg-Linter

250 g Margarine	zerlaufen lassen.
125 g Handkäse	sowie
125 g Sahneschmelzkäse	zugeben und rühren, bis die Masse Bindung hat. Von der Kochstelle nehmen und
250 g Sahnequark	unterrühren. Mit
2 Knoblauchzehen	
1 Msp. Natron	
Salz, Pfeffer, Paprika	sowie
Kümmel (nach Belieben)	abschmecken und in Gläser füllen.

> *Der Kochkäse ist ein leckerer Brotaufstrich.*

Kunst auf der Landesgartenschau Bingen

Mensfelder Kochkäse

Hedi Hohlwein aus Mensfelden

500 g Quark	abgießen und über Nacht austrocknen lassen. Dann
1 TL Natron	
1 Prise Salz	
1 Prise Suppenwürze	
40 g Butter	sowie nach Geschmack
Kümmel	dazugeben. Alles gemeinsam im Wasserbad verrühren, bis eine glasige Masse entsteht. In eine Schüssel füllen und abkühlen lassen.

160

Bemalte Hauswand in Mensfelden

Basaltsee im nahen Westerwald

Obatzda

Karin Kramkowski aus Brechen-Werschau

200 g Camembert	mit der Gabel zerkleinern und mit
60 g Butter (Zimmertemperatur)	sowie
100 g Frischkäse	
1 TL Kümmel (nach Belieben)	
1 Prise Salz, Pfeffer	
2 TL Paprika	
1 kleine Zwiebel (gehackt)	in eine Schüssel geben und gut vermengen.

Je reifer der Camembert, desto besser der Obatzda

Serviervorschlag: Auf einem Teller mit Radieschen, Salzstangen und Tomaten anrichten, dazu Schwarzbrot reichen.

161

Lachs-Frischkäsedip

Christa Macht aus Limburg-Linter

1 kleine Zwiebel	würfeln, mit
400 g Frischkäse	
150 g Lachsschnitzel	
1 Bund Schnittlauch (in Röllchen)	gut vermischen.

Schmeckt auf Baguette, aber auch zu Pellkartoffeln

Kaffeepause bei der 800-Jahr Feier Edith Stock, Kurt Scholl, Hans Ohl

Gulden, Albus, Pfennig und Heller – Alte Maße

Von Klaus Heckelmann, Heringen

Geld wurde gerechnet in Gulden, Albus, Pfennig und Heller.

1 Gulden	= 24 Albus = 192 Pfennig = 576 Heller = 13 Batzen und 10 Pfennig
1 Albus	= 8 Pfennig
1 Pfennig	= 3 Heller
1 Batzen	= 42 Heller = 14 Pfennig
1 Thaler	= 31 Albus = 1 Gulden und 7 Albus

Der Tageslohn für Handwerker und Fachkräfte betrug 2,5 bis 3 Albus.
Der Jahreslohn eines Knechts betrug 6 bis 12 Gulden, sonstige Helfer und Viehhirten erhielten 2 bis 4 Gulden.

1 Maas Wein kostete	2,5 Albus
1 Maas Bier kostete	1 Albus
1 Fuder Wein kostete	43 Gulden
1 Gans kostete	3 Albus
1 Ferkel kostete	4,5 Albus
1 Schwein kostete	12 Albus
1 Fass Hering kostete	8 Gulden
1 Pfund Käse kostete	12 bis 14 Pfennig
100 Eier kosteten	5 bis 7 Albus
1 Pfund Seife kostete	2,5 Albus
1 Pfund Hanf kostete	22 Pfennig
1 Wagen Kohle kostete	3 Gulden

Die Kirche in Heringen

*Wasserpumpe im Hof
des Dorfgemeinschaftshauses
in Heringen*

162

Maße bei Getreide

3 Hand voll Frucht	= 1 Klecke
3 Klecke	= 1 Orwel
3 Orwel (Armvoll)	= 1 Garbe
60 Garben	= 1 Fuder (zweispänniger Wagen voll)
1 Simmer (16 Liter)	= 20 Pfund Gerste oder Weizen
1 Limburger Malter	= 12 gehäufte oder 14 gestrichene Simmer

Nassauische Flächenmaße

Nach dem Zusammenschluss der deutschen Länder zum »Deutschen Reich« 1871 wurden auch einheitliche Maßeinheiten eingeführt. Seit dem haben wir qm, ar, und ha.

1 ha = 100 ar = 10 000 qm = 1 000 000 qdm = 100 000 000 qcm

Die alten Flächenmaße behielt man bei und benutzte auch hier das 100er System. Der Morgen behielt seine Größe von 25 ar und hatte von nun an 100 Ruten. Die Maße Sodel (ein Drittel Morgen) und Nummer (zwei Drittel Morgen) behielten zwar ihre Größe und hatten jetzt etwa 33 Ruten und 66 Ruten. Diese Maße gerieten jedoch bald in Vergessenheit.

1 Fuß	= 24,92 cm
1 Rute	= 16 Fuß = 3,9875 m
1 Quadratfuß	= 24,92 cm x 24,92cm = 621 qcm
16 Quadratfuß	= 1 Schuh = 0,995 qm
16 Schuh	= 1 Quadratrute = 15,9 qm
160 Qadratruten	= 1 Morgen = 2544 qm = 25,44 ar
1 Sodel	= 0,33 Morgen = 53 Quadratruten
1 Nummer	= 0,66 Morgen = 106,Quadratruten

Alter hölzerner Wagen

Olivenpaste

Eva-Maria Meyer aus Limburg-Linter

250 g kernlose Oliven
(schwarz oder grün)

1 – 2 EL Zitronensaft

4 EL Olivenöl

1 EL Oregano

1 – 2 Knoblauchzehen

*Dies ist ein guter
Brotaufstrich oder als
Beilage geeignet.*

Zutaten im Mixer pürieren.

164

Gesatteltes Pferd

Jubiläum 60 Jahre Bezirksverein

Thunfisch-Brotaufstrich

Elke Wagner aus Neesbach

200 g Thunfisch (in Öl)	abgießen.
200 g Frischkäse	
Salz, Pfeffer	
Chili (gemahlen)	Zutaten vermischen und genießen.

Den Brotaufstrich kann man auch in Blätterteigtaschen füllen und backen.

Willkommen in Neesbach

Das Lukashaus in Nauheim

Rilette

Christa Macht aus Limburg-Linter

1 kg Schweinekamm (ohne Knochen)	in dünne Scheiben schneiden, mit
Salz, Pfeffer	würzen und mit
Wasser	bedeckt in einer großen Pfanne zum Kochen bringen. Danach bei ganz schwacher Hitze köcheln lassen. Mit
Zwiebel- und Knoblauchpulver	
Kräuter (getrocknet)	nach Geschmack würzen. Zwischendurch immer wieder Wasser zugeben. Sobald das Fleisch gar ist und man es mit der Gabel zerdrücken kann, die Hitze wieder verstärken, bis es leicht angebraten ist. Dann immer wieder rühren, braten und
300 g Gänseschmalz	zugeben, bis eine gleichmäßige Masse entsteht. Dann in Schraubverschluss-Gläser füllen und nach Bedarf einkochen.

166

Sie können anstelle von Gänseschmalz auch Schweineschmalz verwenden.

Reiter sah man früher im Ort hauptsächlich bei den Festumzügen

Geflügelleber-Mousse

Christa Macht aus Limburg-Linter

300 g Geflügelleber	bei schwacher Hitze 5 Minuten in
1 EL Öl	und
20 g Butter	braten. Dann herausnehmen und abkühlen lassen.
1 kleiner Apfel	und
1 Schalotte	würfeln, mit
Petersilie, Thymian	im Bratfett andünsten. Mit
2 cl Apfelbranntwein (Calvados)	aufgießen, einkochen lassen. Mit der gebratenen Leber im Mixer pürieren. Durch ein Sieb streichen, abkühlen lassen.
2 EL Butter (weich)	und
2 EL Crème fraîche	unterschlagen. Mit
Salz, Pfeffer	würzen und kalt stellen.

167

> *Serviervorschlag: Nocken abstechen und mit Salatblättern und Weißbrot servieren.*

Blick in Richtung Holzheim

Das Stein'sche Haus in Kirberg

Begriffserläuterungen

Abbacken/Ausbacken Etwas in heißem Fett schwimmend backen.

Ablöschen Das Angießen von scharf angebratenem oder geschmortem Fleisch oder Gemüse.

Abschmecken Eine Speise mit den Grundgewürzen Salz, Pfeffer, Zucker usw. nach eigenem Geschmack würzen.

Andünsten/Anschwitzen Ein Lebensmittel in heißem Fett leicht rösten, ohne es zu braten. Das Lebensmittel soll nur glasig werden, z. B. Zwiebeln.

Ausbraten/Auslassen Den Speck so lange braten, bis das Fett herausgebraten ist.

Blanchieren Zutaten in einem Topf mit kochendem Wasser geben und kurz köcheln lassen.

Garen/Köcheln Eine Speise sollte nicht stark kochen. Die Hitzezufuhr muss so gedrosselt werden, dass nur ein leichtes Aufsteigen von Kochblasen zu sehen ist.

Gratinieren Das Überbacken von Speisen.

Legieren Ist das Binden und Verfeinern von Gerichten mit Eigelb. Das Ei oder Eigelb wird mit warmer Flüssigkeit vermischt und unter ständigem Rühren in die nicht mehr kochende Speise gegeben.

Marinieren Ist das Einlegen von Lebensmitteln in eine gewürzte Flüssigkeit, um der Speise einen besonderen Geschmack und bessere Haltbarkeit zu verleihen.

Mehlschwitze Traditionelles Bindemittel von Suppen und Saucen (Fett zerlassen und Mehl einrühren).

Parieren Fleisch von Fett und Sehnen befreien.

Passieren Flüssigkeiten durch ein Sieb oder Tuch geben.

Pürieren Ein gares Lebensmittel wird stark zerkleinert. Früher war hierfür in vielen Haushalten die »Flotte Lotte« ein beliebtes Haushaltsgerät, z. B. um Apfelmus herzustellen.

Reduzieren Flüssigkeit fast vollständig verkochen lassen (einkochen).

Schieres Kalbsfleisch Fleisch von Fett und Sehnen befreit.

Stocken lassen Das Garen von Eiern oder Eimasse, bei mäßiger Hitze im Topf oder Wasserbad, ohne dabei das Gargut umzurühren.

Wasserbad Ist eine Methode, um Speisen indirekt mit Hitze zu versorgen. Dabei wird der Topf mit den Speisen in einen anderen Topf mit heißem Wasser auf den Herd gestellt.

Zerlassen Butter oder Margarine in einer Pfanne oder einem Topf bei mäßiger Hitze schmelzen, aber nicht braun werden lassen.

Maße und Gewichte

1 gestr. EL Fett	15 g		1 Liter	1000 ml / 1000 ccm
1 gestr. EL Mehl	10 g		¾ Liter	750 ml / 750 ccm
1 geh. EL Mehl	15 g		½ Liter	500 ml / 500 ccm
			⅜ Liter	375 ml / 375 ccm
1 kleine Zwiebel	30 g		¼ Liter	250 ml / 250 ccm
1 mittlere Zwiebel	50 g		⅛ Liter	125 ml / 125 ccm
1 große Zwiebel	70 g			
			1 TL	5 ml
1 kleine Kartoffel	70 g		1 EL	15 ml
1 mittlere Kartoffel	120 g		1 Schnapsglas	20 ml / 2 cl
1 große Kartoffel	180 g		1 Tasse	150 ml
½ kg	500 g			
1 kg	1000 g			

Abkürzungen

Msp.	Messerspitze
EL	Esslöffel
geh. EL	gehäufter Esslöffel
gestr. EL	gestrichener Esslöffel
TL	Teelöffel
geh. TL	gehäufter Teelöffel
gestr. TL	gestrichener Teelöffel
g	Gramm
kg	Kilogramm
ml	Milliliter
cl	Zentiliter
l	Liter
ccm	Kubikzentimeter
Pck.	Päckchen
°C	Grad Celsius
Stck.	Stück

Rezeptregister, alphabetisch

T

U

V

Z

Bildquellennachweis

Umschlag vorne: Lanio (1); H. Macht (3); A. Holm (3); **Umschlag hinten:** H. Macht (2); Dr. Crone (1); I. Krebs (1); A. Holm (1); Walter Kees (1); **Seite 3:** Edition Limosa GmbH; **4:** (kl) Walter Kees; **5:** (kl) Walter Kees; **6:** (kl) Walter Kees; **7:** (kl) LF Limburg; **8:** (kl) Walter Kees; **9:** (kl) A. Heckelmann; **10:** (kl) Fr. Dr. Crone; **11:** (kl) LF aus Linter, (gr) Walter Kees; **12:** (kl) A. Holm, (gr) Walter Kees; **13:** (kl) Walter Kees; **14:** (kl) Dauborner Landfrauen; **15:** (kl) Dauborner Landfrauen, (gr) Walter Kees; **16:** (kl) LF Nauheim, (gr) LF Neesbach; **17:** (kl) A. Heckelmann; **18:** (kl) A. Heckelmann; **19:** (kl) Walter Kees, (gr) Walter Kees; **20:** (kl) Walter Kees; **21:** (kl) H. Macht, (gr) A. Heckelmann; **22:** (kl) LF aus Linter; **23:** (kl) Walter Kees, (gr) LF Limburg; **24:** (kl) Walter Kees, (gr) Fr. Dr. Crone; **25:** (kl) LF aus Linter, (gr) Walter Kees; **26:** (kl) A. Heckelmann, (gr) Dauborner Landfrauen; **27:** (kl) Walter Kees; **28:** (gr) A. Holm; **29:** (kl) A. Heckelmann; **30:** (gr) A. Heckelmann; **31:** (kl) Walter Kees; **32:** (kl) Walter Kees, (gr) LF Mensfelden; **33:** (kl) A. Holm; **34:** (kl) Walter Kees, (gr) Walter Kees; **35:** (kl) Dr. Crone; **36:** (kl) A. Heckelmann; **37:** (kl) A. Heckelmann, (gr) A. Heckelmann; **38:** (kl) Dr. Crone; **38/39:** (gr) Walter Kees; **39:** (kl) B. Eufinger; **40/41:** (gr) Walter Kees; **42:** (kl) Walter Kees; **43:** (kl) A. Heckelmann, (gr) Walter Kees; **44:** (kl) Walter Kees, (gr) Walter Kees; **45:** (kl) A. Heckelmann; **46:** (kl) A. Holm, (gr) A. Heckelmann; **47:** (kl) Walter Kees, (gr) Walter Kees;

48: (kl) Walter Kees, (gr) Walter Kees; **49:** (kl) A. Holm, (gr) Walter Kees; **50:** (kl) Walter Kees, (gr) Walter Kees; **51:** (kl) A. Heckelmann, (gr) Walter Kees; **53:** (kl) Walter Kees, (gr) LF Nauheim; **54:** (kl) Walter Kees, (gr) A. Holm; **55:** (gr) Walter Kees; **56:** (kl) A. Heckelmann, (gr) Walter Kees; **57:** (kl) A. Holm; **58:** (kl) A. Heckelmann, (gr) A. Heckelmann; **59:** (kl) A. Heckelmann; **60:** (kl) Walter Kees, (gr) Walter Kees; **61:** (kl) A. Holm; **62:** (kl) A. Holm; **63:** (kl) Walter Kees, (gr) Walter Kees; **64:** (kl) A. Heckelmann, (gr) Walter Kees; **65:** (gr) Jürgen Lanio; **66:** (kl) A. Heckelmann, (gr) Walter Kees; **67:** (kl) A. Holm, (gr) A. Heckelmann; **68:** (gr) H. Macht; **69:** (kl) LF Nauheim; **70:** (kl) A. Heckelmann, (gr) Dauborner Landfrauen; **71:** (kl) A. Heckelmann, (gr) A. Heckelmann; **72:** (kl) A. Heckelmann, (gr) A. Heckelmann; **73:** (kl) Walter Kees; **74:** (kl) A. Heckelmann; **75:** (kl) Walter Kees, (gr) Dauborner Landfrauen; **76:** (gr) Dr. Crone; **77:** (kl) A. Holm; **78:** (kl) A. Heckelmann, (gr) A. Holm; **79:** (kl) A. Heckelmann, (gr) Walter Kees; **80:** (kl) Walter Kees, (gr) LF aus Linter; **81:** (kl) Dauborner Landfrauen; **82:** (kl) Walter Kees, (gr) A. Heckelmann; **83:** (kl) A. Holm; **84:** (kl) A. Heckelmann, (gr) Karl Heck; **85:** (kl) Walter Kees; **86:** (kl) Walter Kees, (gr) Jürgen Lanio; **87:** (kl) Walter Kees; **88:** (kl) Walter Kees, (gr) LF Neesbach; **89:** (gr) Dr. Crone; **90:** (kl) Walter Kees, (gr) A. Holm; **91:** (kl) A. Heckelmann, (gr) Walter Kees; **92:** (kl) Walter Kees, (gr) Walter Kees; **93:** (kl) Walter Kees; **94:** (kl) Walter Kees, (gr) Walter Kees; **95:** (kl) Walter Kees, (gr) Walter Kees; **96:** (kl) LF Neesbach, (gr) Walter Kees; **97:** (kl) Dr. Crone, (gr) A. Holm; **98:** (kl) A. Heckelmann, (gr) A. Heckelmann; **99:** (kl) A. Holm, (gr) Walter Kees; **100:** (kl) A. Heckelmann, (gr) A. Heckelmann; **101:** (kl) A. Holm; **102:** (kl) A. Holm, (gr) Walter Kees; **103:** (kl) A. Heckelmann, (gr) A. Heckelmann; **104:** (kl) Walter Kees; **105:** (kl) Lanio, (gr) Walter Kees; **106:** (gr) LF Limburg; **107:** (gr) LF Limburg; **108:** (kl) Walter Kees; **109:** (kl) LF Neesbach, (gr) A. Holm; **110:** (gr) Walter Kees; **111:** (kl) Dauborner Landfrauen, (gr) Jürgen Lanio; **112:** (kl) Herr Schäfer Kurverwaltung, (gr) A. Heckelmann; **113:** (kl) L. Aumüller; **114:** (kl) Dauborner Landfrauen; **114/115:** (gr) Walter Kees; **115:** (kl) Dauborner Landfrauen; **116:** (kl) Dauborner Landfrauen; **117:** (kl) LF Neesbach; **118:** (kl) Walter Kees, (gr) A. Holm; **119:** (gr) Walter Kees; **120:** (gr) Walter Kees; **121:** (kl) A. Holm, (gr) Walter Kees; **122:** (kl) A. Heckelmann; **123:** (gr) A. Heckelmann; **124:** (kl) A. Heckelmann, (gr) J. Lanio; **125:** (kl) Walter Kees, (gr) Dauborner Landfrauen; **126:** (kl) A. Holm, (gr) LF Neesbach; **127:** (kl) LF Limburg; **128:** (kl) A. Heckelmann; **128/129:** (gr) A. Heckelmann; **129:** (kl) A. Heckelmann; **130:** (kl) Walter Kees; **131:** (kl) Walter Kees, (gr) Walter Kees; **132:** (kl) A. Heckelmann, (gr) A. Heckelmann; **133:** (kl) Dauborner Landfrauen, (gr) Dauborner Landfrauen; **134:** (kl) A. Holm, (gr) Dauborner Landfrauen; **135:** (kl) Walter Kees, (gr) Walter Kees; **136:** (kl) A. Holm, (gr) Walter Kees; **137:** (kl) A. Holm, (gr) Walter Kees; **138:** (gr) Dr. Crone; **139:** (kl) Dauborner Landfrauen, (gr) Dr. Crone; **140:** (kl) Dauborner Landfrauen, (gr) Hermann Macht Omas kochbuch; **141:** (kl) Jürgen Lanio, (gr) Hermann Macht; **142:** (gr) Walter Kees; **143:** (kl) LF Mensfelden; **144:** (kl) Dauborner Landfrauen; **145:** (kl) A. Heckelmann, (gr) A. Heckelmann; **146:** (kl) Dr. Crone; **147:** (gr) LF Mensfelden; **148:** (kl) Dauborner Landfrauen; **149:** (kl) A. Holm, (gr) Dauborner Landfrauen; **150:** (kl) A. Holm; **151:** (gr) Walter Kees; **152:** (gr) Dr. Crone; **153:** (kl) Dauborner Landfrauen; **154:** (gr) Dauborner Landfrauen; **155:** (kl) A.Holm, (gr) Walter Kees; **156:** (kl) A. Heckelmann, (gr) Walter Kees; **157:** (kl) A. Holm; **158:** (kl) Walter Kees; **159:** (kl) Christa Macht; **160:** (kl) A. Holm, (gr) Walter Kees; **161:** (kl) LF aus Linter; **162:** (kl) Walter Kees; **162/163:** (gr) Walter Kees; **163:** (kl) A. Heckelmann; **164:** (kl) Walter Kees, (gr) LF Limburg; **165:** (kl) LF Nauheim, (gr) LF Neesbach; **166:** (kl) A. Heckelmann, (gr) Walter Kees; **167:** (kl) Walter Kees

Die schönsten Seiten Deutschlands

Edition Limosa GmbH
Lüchower Str. 13a | 29459 Clenze
Tel. (0 58 44) 97 11 60
mail@limosa.de | www.limosa.de

edition limosa